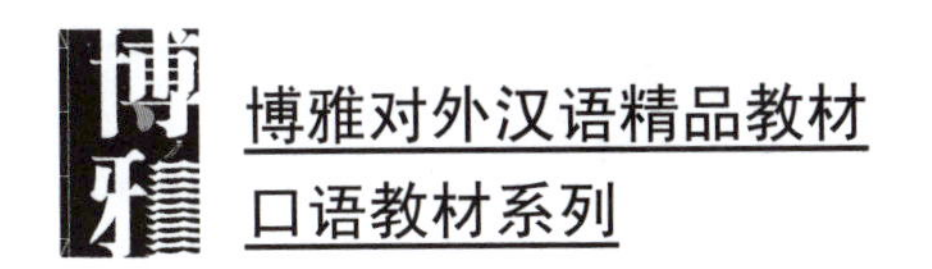

中级汉语口语 2（第三版）

INTERMEDIATE SPOKEN CHINESE
Third Edition

刘德联　刘晓雨　编著

图书在版编目 (CIP) 数据

中级汉语口语 .2/ 刘德联，刘晓雨编著 . —3 版 .—北京：北京大学出版社，2015.5
(博雅对外汉语精品教材)
ISBN 978-7-301-25363-2

Ⅰ . ①中… Ⅱ . ①刘… ②刘… Ⅲ . ①汉语—口语—对外汉语教学—教材 Ⅳ . ① H195.4

中国版本图书馆 CIP 数据核字 (2015) 第 007920 号

书　　名	中级汉语口语　2 (第三版)
著作责任者	刘德联　刘晓雨　编著
责 任 编 辑	宋立文　沈浦娜
标 准 书 号	ISBN 978-7-301-25363-2
出 版 发 行	北京大学出版社
地　　址	北京市海淀区成府路 205 号　100871
网　　址	http://www.pup.cn　　新浪微博 : @ 北京大学出版社
电 子 信 箱	zpup@ pup.cn
电　　话	邮购部 62752015　发行部 62750672　编辑部 62754144
印　刷　者	三河市博文印刷有限公司
经　销　者	新华书店
	889 毫米 ×1194 毫米　16 开本　11.75 印张　339 千字
	1996 年 8 月第 1 版　2004 年 4 月第 2 版
	2015 年 5 月第 3 版　2020 年12月第 5 次印刷
定　　价	48.00 元

第三版改版说明

这是一套经典汉语口语教材，自1996年出版以来，受到国内外汉语学习者和汉语教师的广泛好评，先后两次改版，数十次印刷，至今畅销不衰。

本套教材分初中高三个级别，每级分1、2和提高篇三册。每课分为课文、注释、语言点和练习等部分。每三至五课为一个单元，每单元附有口语常用语、口语知识及交际文化知识。

本套教材从零起点起，初级前三课为语音集中教学阶段，后续课程根据情景和功能灵活设课，循序渐进，急用先学，即学即用。教材的选词范围主要以《汉语水平词汇与汉字等级大纲》为参照，初级以甲乙级词为主，学习初级口语常用句式、简单对话和成段表达；中级以乙丙级词为主，以若干主线人物贯串始终，赋予人物一定的性格特征和语言风格；高级以丁级词为主，第1、2册以一个典型的中国家庭为主线，以类似剧本的形式展开故事情节，展示中国家庭和社会的多个侧面。

本套教材的主要特点是：

1. 与日常生活紧密结合，学以致用；
2. 语言点解释简单明了，通俗易懂；
3. 练习注重结构与交际，丰富实用。

本套教材每个级别可供常规汉语进修生或本科生一学年之用，或供短期生根据实际水平及课时灵活选用。

第三版主要针对以下内容进行修订：

1. 对课文、例句及练习中过时的内容做了修改和替换，使之更具时代感；
2. 对少量语言点及解释做了调整和梳理，使之更加严谨，便于教学；
3. 对部分练习做了增删，使之更具有针对性和实用性。

北京大学出版社汉语及语言学编辑部
2015年5月

第二版改版说明

《中级汉语口语》（上、下）自 1996 年出版以来，受到汉语教师和学习者的普遍欢迎，先后重印十几次，总印数超过十万册。这是对这部教材的肯定。我们对所有使用者深表谢意。

口语教材，特别是中高级口语教材，具有较强的时效性。它必须围绕当今社会普遍的话题，采用流行的语言，使学习者尽快学会并运用。处于改革中的中国日新月异的变化，也促使汉语交际语言不断更新。为适应社会发展的需要，我们的口语教材，即使是一部好的教材，在用过一段时间以后，都有从内容到语言进行部分修改的必要。我们在这部教材的销售旺期进行改版，正是出于上述目的。

这次改版，根据教学的需要，在原有教材的基础上，对部分课文做了一定的修改，并补充了一些新的课文，将原来的上、下两册，充实为现在的 1 、 2 、提高篇三册。在体例上，根据部分教材使用者的要求，增加了“语句理解”一项，对一些口语化的、仅从字面上难以准确理解其含义的语句做了例释。此外，根据部分使用者的意见，对课文中过于北京化的口语词汇做了适当的调整，以适合各地使用者的需要。在练习方法上，我们也增添了一些活泼多样的练习形式。

在这次改版过程中，韩曦老师、钱旭菁老师为教材的英文注释做了校对，在此一并表示感谢。

我们希望教材改版以后，能够更适应学习者的需要，也希望教材使用者将使用中发现的问题，及时反馈给我们。

刘德联　刘晓雨

2004 年 1 月于北京大学对外汉语教育学院

序

学习外语，按说应该是听、说、读、写并重，但在实际教学中，往往可以根据学生的水平和需要而有不同程度的侧重。近些年来，我国有不少高等院校的对外汉语教学单独设置了口语课程，侧重听和说的训练，这是非常必要的。外国朋友在中国学汉语和在他们自己的国家学，环境完全不同。他们来到中国以后，迫切需要的就是提高口语能力以适应陌生的语言和生活环境，只靠一般汉语课循序渐进地学语音、词汇和语法，是远远不能满足他们每天生活中听和说的需要的。专门为他们开设口语课，正可以弥补这方面的不足。近几年来，国内已出版了一些专供外国朋友学习口语用的教材，各自从不同的角度对如何讲授口语课做了一些很有意义的探索，这是非常可喜的现象。但是，如何突出口语课的特点，使它和其他汉语课有明显的分工，应该说是至今还没有很好解决的问题。

这部《中级汉语口语》是北京大学对外汉语教学中心刘德联和刘晓雨两位老师合编的。近几年来，他们一直为外国留学生讲授汉语口语课程，积累了相当丰富的教学经验，最近又在总结过去一些口语教材的优缺点的基础上编写了这部教材。它以密切结合学生口语的实际需要为编写主线，内容相当活泼生动，语言也比较规范自然，尤其是在每一单元之后设置了“口语知识”和“口语常用语”两项内容，既起到了复习已学到的汉语知识的作用，又能把这些知识集中到口语的角度来认识，对学生提高口语能力无疑有很大帮助，这是非常有意义的尝试。希望这部教材的出版能对今后汉语口语课的建设起到推动作用，使汉语口语课从目前的探索阶段走向成熟，逐步形成一套真正有自己特色的比较完整的口语课体系。这恐怕不只是本书两位编者的希望，也是所有汉语教师的希望。我正是怀着这种希望愿意为这部教材写出这篇短序的。

林　焘

1996 年 4 月于北京大学燕南园

前　言

语言是随着社会的发展而发展的，语言教材也应不断更新。这部《中级汉语口语》就是基于这种原则而编写的。

这部教材以具有一定汉语基础的来华进修的留学生为主要对象，课文内容紧紧围绕外国留学生的在华留学生活，选取留学生可能会遇到的情景，安排自然、生动的口语对话，以满足留学生的日常生活需要。

本教材所选生词主要是国家对外汉语教学领导小组办公室公布的《汉语水平词汇与汉字等级大纲》中乙级以上的词汇，甲级词和部分常用的乙级词没有作为生词收入。

本教材在总结前人教材编写经验教训的基础上，力求突破与创新，突出口语教材的特性。其特点主要体现在以下几个方面：

其一，以若干主线人物贯串始终，赋予人物一定的性格特征，让不同性格的人物说出不同风格的话，避免出现书中人物千人一面，干巴巴问答的现象。

其二，注意社会发展趋势，及时淘汰已过时或即将过时的语言，在安排课文内容和语言时“向前看”，把对一些社会新生事物的介绍及有关的会话内容收入到课文之中，如各种新的交通工具的乘坐常识、移动电话与寻呼机的有关知识等等。

其三，安排大量由浅入深的实用性练习，练习方式变“词本位”为“句本位”，将重点放在情景会话上，要求教会学生在不同的场景中说出恰当的话语。

其四，口语知识的系统化讲解。在教材每一单元之后设置“口语知识”一项内容，对口语中经常出现的一些语言现象，从口语语音到口语语法，进行比较系统的归纳，然后布置一些相关的练习，帮助学生巩固所学知识。

其五，口语常用语的补充。在教材每一单元之后，增设“口语常用语”。将口语中经常使用的某些交际语言分门别类地进行适当的归纳，帮助学生了解同一情景下不同的表达方式。

本书在编写过程中，得到北京大学对外汉语教学中心部分教师的热情指教，林焘先生在百忙之中为本书作序，张园老师参加了本书前期准备工作，北京大学出版社的沈浦娜老师、郭荔老师提出许多建设性意见，在此，一并表示感谢。

刘德联　刘晓雨

1996 年 4 月于北京大学

目 录
Contents

目 录

第一课　想听听我的忠告吗

热身话题

1. 如果你是新来的学生，说说你现在最想了解的事情是什么。
2. 如果你是一个老同学，向新来的同学说出你在学习、生活等方面的一个建议。

（玛丽、大卫、麦克和安娜在学校餐厅吃饭，田中和新来的日本留学生山本端着饭菜走了过来……）

玛　丽：　田中！来，坐这儿。

田　中：　我给你们介绍一下。（对山本）这些都是我的好朋友：玛丽、安娜、大卫，还有麦克。（对玛丽等）这位是新来的日本留学生，山本志雄，我的先辈。

安　娜：　先辈？

田　中：　他在大学里比我高几个年级，我应该叫他先辈。

安　娜：　这和中国人说的“先辈”可不是一个概念。

玛丽等：　你好！

山　本：　初次见面，请多关照。

安　娜：　（对田中）我看你们日本人见面总是说这两句。（笑着对山本说）“先辈”，快请坐吧。

玛　丽：　你呀，不管认识不认识，见面就开玩笑。

大　卫：　（对山本）你是学什么的？是本科生还是进修生？

田　中：　他呀，雄心勃勃，是来考博士生的！他的专业是国际政治。

安　娜：　哦！这位“先辈”真了不起！

山　本：　我的汉语水平还不高，请大家多多指教。

安　娜：　看，又谦虚上了。

山　本：　这不是谦虚，我是第一次来中国，很多事情都不了解，来的第一天就闹了个笑话。

安　娜：　什么笑话？说出来让我们听听。

山　本：　我听说中国人见面喜欢问“吃了吗”，所以我见人就问：“吃了吗？”他们都很奇怪地看着我，也有人反问我：“你还没吃饭吗？”我现在明白，那是中国人在吃饭时间见到朋友时的一种问候语，不是什么人、什么时间都能说的。

麦　克：　确实是这样。我刚来中国的时候，我的中国朋友常常问我：“你去哪儿？”“昨天去哪儿了？”我很不高兴，觉得这是我的隐私，为什么要告诉你？后来我才知道，那只不过是他们的一种问候语，你只要回答“出去”“出去了”就行了。

玛　丽：　我也有同感。上次去农村，一位挺和善的老大妈拉着我的手一个劲儿地问：“姑娘，多大啦？”“结婚了吗？”“有对象了吗？”我知道她真的是关心我，可也真不知道该怎么回答她。

大　卫：　我看这些都不重要。遇到这样的事情，你得往好处想。你就想：哦，这是中国人的习惯。那就什么事都没有了。依我看，你刚来中国，当务之急是赶快买个手机。有了手机，和朋友联系就方便多了，打电话、发短信、上网，实在闷得慌，还可以玩儿玩儿游戏。

玛　丽：　我也给你一个建议：找个中国的大学生互相辅导，除了互相学习，你还可以通过他认识一些中国朋友。和中国朋友聊天儿，特别长学问。

麦　克：我给你一个忠告：在小摊儿上买东西要学会讨价还价，特别是买衣服、买鞋的时候。如果卖鞋的说："一百。"你就说："五十，卖不卖？"或者你就装出一副可怜的穷学生的样子，让人觉得你都快没饭吃了。千万别糊里糊涂地给钱就走。

安　娜：想听听我的忠告吗？这是比什么事情都重要的：别贪吃。你别笑嘛！中国菜真是太好吃了，种类也特别多，要是你什么都吃，用不了多久你就会胖一圈儿。等胖了以后再减肥，那可真是痛苦的事。是不是，玛丽？

玛　丽：是啊，最好别走到那一步。我想，刚到一个陌生的国家，肯定会有很多不习惯的地方。最重要的是记住中国的一句话："入乡随俗。"你就会很快习惯的。

词　语

1	忠告	zhōnggào	（名、动）	sincere advice; to advice
2	端	duān	（动）	to hold sth. level with both hands
3	概念	gàiniàn	（名）	concept
4	关照	guānzhào	（动）	to look after
5	本科	běnkē	（名）	undergraduate course
6	雄心勃勃	xióngxīn bóbó		with high aspiration
7	国际政治	guójì zhèngzhì		international politics
8	指教	zhǐjiào	（动）	to give advice or comments
9	闹笑话	nào xiàohua		to make a fool of oneself
10	隐私	yǐnsī	（名）	privacy
11	对象	duìxiàng	（名）	boyfriend or girlfriend
12	当务之急	dāngwùzhījí		a top priority
13	上网	shàng wǎng		to surf the internet; to get on the internet
14	实在	shízài	（副）	really
15	闷	mèn	（形）	bored

16	通过	tōngguò	（介）	through
17	学问	xuéwen	（名）	knowledge
18	装	zhuāng	（动）	to pretend
19	副	fù	（量）	*measure word for facial expression*
20	可怜	kělián	（形）	pitiful
21	穷	qióng	（形）	poor
22	糊里糊涂	húlihútú	（形）	muddle-headed
23	圈（儿）	quān(r)	（量、名）	*measure word for circle*; circle, commnity
24	减肥	jiǎn féi		to lose weight
25	痛苦	tòngkǔ	（形）	painful
26	陌生	mòshēng	（形）	unfamiliar
27	肯定	kěndìng	（副）	sure

注　释

1. **先辈**（bèi）

泛指辈分在前的人，现多指已去世的令人尊敬、值得学习的人。

2. **初次见面，请多关照**

日本等亚洲国家的人第一次见面的时候习惯说的客套话。

3. **走到那一步**

比喻达到某种不好的境（jìng）地。

4. **入乡随俗**

到一个地方就按照当地的风俗习惯生活。

语句理解

1. **又谦虚上了**

“又……上了”表示动作或事情再次发生。比如：

（1）她失恋（liàn）以后心情一直不好。听，她又哭上了。

（2）最近雨水比较多。看，又下上了。

2. 一个劲儿地问

“一个劲儿”表示不停地连续进行。比如：

（1）这几天雨一个劲儿地下，哪儿都去不了。

（2）报告已经讲了两个小时了，他还在一个劲儿地说，我们都有点儿着急了。

3. 依我看

“依……看”表示从某人的角度发表意见或看法，多用于第一和第二人称。比如：

（1）甲：你们这样处罚是不是太重了？

　　乙：那依你看，这件事应该怎么处理呢？

（2）依我们看，这个职员的能力是很强的，当副经理应该没有问题。

4. 闷得慌

形容词后面加上“得慌”，表示情况、状态达到很高的程度，一般用于不好的感受。比如：

累得慌　饿得慌　难受得慌

练　习

一　朗读下面的句子，注意带点词语的正确读法：

1. 这和中国人说的“先辈”可不是一个概念。
2. 你呀，不管认识不认识，见面就开玩笑。
3. 看，又谦虚上了。
4. 千万别糊里糊涂地给钱就走。
5. 要是你什么都吃，用不了多久你就会胖一圈儿。

二　朗读下面的词语，分析左右两组词语的区别：

糊涂——糊里糊涂

马虎——马里马虎

慌张——慌里慌张

啰唆——啰里啰唆

三 朗读下面的对话，然后用上带点的词语做模仿练习：

1. 甲：我把自行车忘在商店门口了。

   乙：你呀，老这么马马虎虎的。

2. 甲：你的同屋最近是不是在学太极拳？

   乙：可不是嘛，看，又练上了。

3. 甲：电话响了，你怎么不接？

   乙：肯定又是上星期认识的那个人，这几天他一个劲儿给我打电话，真讨厌（tǎoyàn）！

4. 甲：这么多种词典，我买哪种好？

   乙：依我看，这本厚（hòu）的例句多，买它吧。

5. 甲：你今天上课怎么没精神（jīngshen）？

   乙：昨天晚上没睡好，实在困（kùn）得慌。

四 回答下列问题，用上画线部分的词语：

1. 在学汉语时你闹过笑话吗？闹过什么笑话？
2. 在你看来，哪些方面的话题是个人隐私，不能随便打听？
3. 对你来说，什么是当务之急？
4. 你知道有哪些减肥的好方法吗？
5. 现在最让你感到痛苦的事情是什么？

五 根据课文，用上所给的词语说说：

1. 大卫的忠告。

   往好处想　当务之急　闷得慌

2. 玛丽的忠告。

   辅导　通过　学问

3. 麦克的忠告。

   讨价还价　可怜　穷

4. 安娜的忠告。

贪吃　减肥　痛苦

六 大家谈：

1. 说说来中国以后让你感到新奇（xīnqí）的事情。
2. 互相交流在中国学习、生活的经验。

七 成段表达：

我看“入乡随俗”。

第二课　我想学中国功夫

热身话题

1. 你喜欢早起吗？为什么？
2. 你每天锻炼身体吗？在什么时间、以什么方式锻炼？有什么效果？

（清晨，玛丽和安娜来到湖边，遇到了正在跑步的王峰……）

玛　丽、安　娜：（招手）王峰，早上好！

王　峰：（停下脚步）是你们俩？起得这么早！今天太阳是不是从西边出来啦？

玛　丽：怎么，我们就不能早点儿起吗？

安　娜：这玛丽，今天还不到五点半就打电话把我叫起来了，说是到湖边来看看热闹儿。你看看，现在才早上六点半，哪有什么热闹儿可看？到现在我还没醒过来呢！（打了一个哈欠）

玛　丽：怎么没有哇？你看，那些拿着小录音机跑步的，坐在石头上看书的，肯定都是大学生；这边喊嗓子的，刚才唱了几句，听起来像是京剧；对岸那些人一定是练太极拳的；还有……

安　娜：对了，还有天没亮就坐在湖边谈恋爱的呢！

玛　丽：王峰，那边几位老人在干什么？

王　峰：过去聊聊就知道了。对不起，我还得跑两圈儿，回头见。

（湖边小树林里，几位老人在聊天儿，旁边的树枝上挂着几个鸟笼子）

玛　丽：（对老人甲）大爷，您早哇！您每天都起这么早吗？

老人甲：是啊，岁数大了，觉少，一到五六点钟，就睡不着了。出来散散步，和老朋友聊聊，也是生活中的一个乐趣嘛。

安　娜：大爷，这树上的鸟笼子都是您的吧？您每天都带它们出来散步吗？

老人甲：可不。人老了，闲着没事，孩子们又不在身边，所以养几只鸟做个伴。这鸟哇，跟人一样，老在家里待着，就变懒了，不爱叫了，得经常带它们出来遛遛。

玛　丽：怎么还拿蓝布盖着呀？

老人甲：它认生啊。一换了地方、见了生人，就容易受惊。

安　娜：我们可以看一下吗？

老人甲：看看吧。（掀开盖布）怎么样，长得还可以吧？这叫“画眉”，叫得可好听了。不过，要是养不好，它也不叫。（鸟来回扑动）对不起，我得盖上了，这鸟有点儿不高兴了。

玛　丽：（对安娜）一定是看你比它漂亮，心里不舒服。

安　娜：跟我有什么关系？

玛　丽：当然有关系啦。中国古代把美女说成“沉鱼落雁”，你在它身边站着，它当然有点儿待不住了。

安　娜：别在这儿瞎解释了。哎，咱们到那边的小岛上去看看。

（玛丽和安娜来到湖心岛，几位老年妇女围成圈儿在练着什么）

玛　丽：安娜，你看这些老太太在干什么？

安　娜：她们一定是在练气功。

玛　丽：　我看不像，她们的动作挺简单的，像是在做操。咱们还是过去问问吧。（对老人乙）大妈，您是在练气功吧？

老人乙：　这哪是气功啊？我们只是几个老姐妹凑在一起，活动活动身子。姑娘，你是不是也想跟我们练练哪？我们这儿都是老太太，还就缺个姑娘哪！

安　娜：　大妈，我特别想学中国功夫。以后要是遇见坏人，我这么一比画，就能把他吓跑了。

老人乙：　说的是，年轻人有年轻人的运动。姑娘，前边不远，有个武术辅导站，你们到那儿去看看吧。

安　娜：　谢谢您，大妈！（对玛丽）看来咱们今天没白来，找着个练武术的地方。怎么样，跟我一起学武术吧？学学那个什么拳……对，少林拳。

玛　丽：　我还是想学太极拳。

安　娜：　那咱们各找各的师傅。学成以后，咱们比试比试。

玛　丽：　别跟我过不去呀，我可打不过你。

词　语

1	功夫	gōngfu	（名）	kung fu
2	热闹儿	rènaor	（名）	the scene of bustle or fun
3	醒	xǐng	（动）	to be awake
4	哈欠	hāqian	（名）	yawn
5	对岸	duì'àn	（名）	other side of river, lake, etc.
6	拳	quán	（名）	boxing
7	树枝	shùzhī	（名）	branches of a tree
8	笼子	lóngzi	（名）	cage
9	觉	jiào	（名）	sleep
10	闲	xián	（形）	idle, not busy
11	做伴	zuò bàn		to keep sb. or sth. company
12	懒	lǎn	（形）	lazy
13	遛	liù	（动）	to stroll
14	盖	gài	（动）	to cover

15	认生	rènshēng	（形）	to be uncomfortable with new person or place
16	受惊	shòu jīng		to be startled
17	掀	xiān	（动）	to lift
18	画眉	huàméi	（名）	*a kind of song bird*
19	扑	pū	（动）	to flap
20	围	wéi	（动）	to surround
21	气功	qìgōng	（名）	qigong, *a system of deep breathing exercises*
22	做操	zuò cāo		to do exercises to make body strong
23	凑	còu	（动）	to gather together
24	比画	bǐhua	（动）	to gesture
25	武术	wǔshù	（名）	wushu, martial art
26	比试	bǐshi	（动）	to have a contest

注　释

1. 太阳从西边出来

指事情违反常理或人的行为反常，多用于开玩笑或讽刺。

2. 太极拳

流传很广的一种拳术，动作柔（róu）和缓慢，既可用于防身，又可增强体质。

3. 沉（chén）鱼落雁（yàn）

形容女人的美丽，使水里的鱼和天上的大雁见到后都躲了起来。

4. 少林拳

拳术的一种，因少林寺僧（sēng）人练习这种拳术而得名。

语句理解

1. 可不

也说“可不是（嘛）”，用反问的形式表示很赞同对方的话。比如：

（1）甲：农村到春节的时候可热闹了。

　　乙：可不，家家户户都放鞭炮。

（2）甲：已经四月了，天气还是这么冷。

　　乙：可不，我还穿着两件毛衣呢。

2. 别在这儿瞎解释了

“别在这儿瞎……了”是劝人现在不要没有根据地做某事。比如：

（1）甲：我觉得我这次考得不错，怎么只得了70分？是不是……

乙：别在这儿瞎想了，去问问老师吧。

（2）甲：我的女朋友一个多月没来信了，会不会出了什么事？

乙：别在这儿瞎猜了，还是给她打个电话问问吧。

3. 说的是

表示同意对方说的，多为老年人口语。比如：

（1）甲：现在夏天越来越热，不买空调不行啊。

乙：说的是啊，好像咱们这座楼里家家都有空调了。

（2）甲：要是再多一间房子该多好啊！

乙：说的是，可房子再多，你永远都觉得少一间。

4. 别跟我过不去呀

“跟某人过不去”就是“使某人为难”。比如：

（1）甲：你今天必须把这篇文章写完，不写完就不能参加晚会。

乙：别跟我过不去呀，晚会以后我一夜不睡，一定把文章写出来，行吧？

（2）甲：他的朋友打碎玻璃走了，我不让他赔（péi）让谁赔呀？

乙：你这不是跟他过不去吗？别人打碎玻璃跟他有什么关系呀？

练 习

一 朗读下面的句子，正确理解带点词语的意思：

1. 今天太阳是不是从西边出来啦？
2. 到现在我还没醒过来呢！
3. 别在这儿瞎解释了！
4. 说的是，年轻人有年轻人的运动。
5. 别跟我过不去呀！

二 根据课文，用上所给的词语回答下面的问题：

1. 玛丽她们为什么要早起？她们在湖边看到了什么？

   看热闹儿 大学生 京剧 练太极拳 谈恋爱

2. 老大爷为什么每天很早起来去公园？

   岁数 睡不着 散步 聊 乐趣

3. 老人为什么养鸟？为什么把鸟带到公园里来？

   闲 做伴 待 懒 遛

4. 安娜想学什么？为什么？

   功夫 少林拳 遇见 比画 吓跑

三 复述：

以玛丽的口吻，复述这天她们在湖边的所见所闻。

四 完成下面的对话，然后用上带点的词语做模仿会话练习：

1. 甲：________________________________。

   乙：今天太阳是不是从西边出来了？

2. 甲：我觉得这个字应该念 xíng。

   乙：别在这儿瞎猜了，________________________________。

3. 甲：这个公园真没意思！

   乙：可不！________________________________。

4. 甲：我们也应该为受灾（shòu zāi）的人们做点儿什么。

   乙：说的是，________________________________。

五 下列两组句子中都有“过不去”这一词语，对比它们的意思和用法，然后模仿练习：

1. 这么深的河，没有船可过不去。

   前面有很多车，我们的车过不去。

2. 你为什么不让我去？这不是跟我过不去吗？

   你还是参加我们的晚会吧，别跟大家过不去。

六 大家谈：

1. 锻炼的最佳时间和方式。
2. 谈谈你熟悉的一位老人的生活情况。
3. 你想学中国武术吗？想学哪一种？

七 下面是一段爷爷和孙子的对话，谈谈你支持哪一方，并说说为什么：

孙子：爷爷，您别养鸟了。今天我们老师说，在家里养鸟是不爱鸟的表现。

爷爷：哪能这么说呢？说我不爱鸟？我给它吃，给它喝，早晨带它去散步，有病给它吃药，我对它就像对孩子一样，还说我不爱鸟！

孙子：可是您整天关着它，它心里愿意吗？您应该让它回到大自然中去，让它过自由自在的生活。

爷爷：你想得倒挺好，我要是把这些鸟放了，不出三天，就都得饿死、冻（dòng）死、病死，那是爱鸟吗？再说，这鸟跟人一样，养长了，有感情，你放了它，它还会回来的。

孙子：我说不过您。等有空儿我请大哥哥大姐姐们来帮我跟您辩论。

爷爷：好哇，你们要是能说服我，我就把鸟放了。

孙子：好，一言为定。

八 成段表达：

1. 介绍你们国家人们的日常锻炼方式。
2. 参考补充材料，以“故乡的清晨”为题，讲述故乡清晨的情景。

九 社会实践：

早晨去附近的广场或公园看看，和早起的人们聊聊，然后在班里讲述你的经历和感受。

补充材料

朗读下面的短文：

早上好，北京

北京冬天的早上，天气很冷。我六点多走出房门的时候，天还没有亮。我拿着从老师那里借来的剑，准备去广场锻炼身体。留学生宿舍楼还是一片漆黑，而中国学生宿舍的窗户里已经亮起了灯光。我走在路上，不时见几个跑步的学生从我身边闪过，鼻子也闻到了从学生食堂飘过来的一阵饭香。一位我认识的服务员迎面走来，向我打了个招呼："练剑去？"我微笑着点了点头。

到了广场，几位练剑的老人已经来了，正在那里做准备活动呢。他们一见到我，就热情地向我问候："早上好！""怎么样，冷不冷？"我回答说："很冷。"我这时候才发现手套忘带了，于是赶快活动起来。

练了一阵剑，天才慢慢亮了。太阳从东方升起来了。我看了看四周，锻炼的人越来越多，有老人、孩子，更多的是年轻人。看他们互相之间的亲热劲儿，觉得他们像一家人似的。

"你练得很好。"一位老人对我伸出了大拇指。

"我在国内的时候学过一点儿。"

"老师是哪儿的人哪？"

"日本人，不过他也是在中国学的。"

老人高兴地笑了。

身体暖和了，我收起剑准备离去。

"明天见！明天见！"那些认识不认识的，都向我打招呼。我觉得心里也暖乎乎的。

我爱你，北京的早晨！

（根据〔日本〕吉成久枝《早晨好，北京》改写）

第三课 我喜欢和司机聊天儿

热身话题

1. 你在中国常坐出租车吗？谈谈你坐出租车的一次经历。
2. 谈谈你对中国出租车司机的印象。

（玛丽和大卫去看京剧，从剧场出来时，天下起了雨。他们决定打车回学校，可是打车的人很多……）

大　卫：　玛丽，你先在这儿避避雨，等我找到车再叫你。

玛　丽：　还是我来吧。你没有这样的体会吗？姑娘叫车比小伙子容易……

大　卫：　你的话好像有点儿道理，那就看你的了。

玛　丽：　（朝着远处开来的出租车招手）出租车！停一停！

大　卫：　你也不看看就喊，那车里坐着人呢。

玛　丽：　可是他的“空车”牌子立着呢。既然坐了人，怎么不把它扳倒呢？

大　卫：　你别管那么多了。快！那边又来一辆。

玛　丽：　师傅，北方大学去吗？

司机甲：　北方大学？对不起，忙了一天，我还没吃饭呢，你找别的车吧。

玛　丽：　你是不是嫌远哪？我听说拒载可是要挨罚的。你的车号是多少？

司机甲：　哎哟，你可别！这不是要我的命吗？不骗你，我真的是要回家吃饭，想顺路再搭个客人。你想，北方大学在北边，我家在南边，这一去一回，少说也得一个钟头。我们当司机的也是人，也得吃饭，对不？小姐，我求求你，换辆车，行不？

玛　丽：　真拿你没办法，算了。大卫，我回去以后一定把叫车电话记下来，或者下载一个叫车软件，以后打车就不那么麻烦了。

（又等了十几分钟）

大　卫：　玛丽，快来，我找了一辆车！（玛丽跑了过去）怎么样？根据我的经验，有时候小伙子叫车比姑娘容易。

玛　丽：　看把你得意得！我坐前边吧，我喜欢和司机聊天儿。

司机乙：　坐稳，开车啦。看样子，你们都是留学生吧？哪个国家的？

玛　丽：　美国。

司机乙：　美国？那可不近。你们这些人真行，年纪轻轻就离开父母，独立生活，比我儿子强百倍。我那儿子，被他妈妈惯得没个样儿，饭不会做，衣服也不会洗，这要是到了外国……

玛　丽：　师傅，我原来也不会做饭、洗衣服，不是也离开父母了吗？做饭、洗衣服也不难，不会可以学嘛。

司机乙：　都像你这么想就好喽。

玛　丽：　师傅，干你这行也挺辛苦的。

司机乙：　可不是。风里来雨里去的，有时候连饭都顾不上吃。有些人光看我们挣钱多，可我们的苦处他哪知道哇？别人一天干多少小时？我们干多少小时？我们不敢喝酒，没空儿看电影，更别说上公园了。唉，挣这点儿钱可不那么容易！哪像你们外国人，挣钱又多，活得又那么潇洒。

玛　丽：　师傅，外国人也不都是有钱的呀。拿我们来说，就算是外国人里的穷人吧，出门也不是老坐出租车。可有的出租车司机总觉得我们有钱，净想"宰"我们。

司机乙： 干我们这行的是有些不争气的，有拒载的，有故意绕道的，把我们出租车司机的名声全都搞坏了。可话又说回来，天底下还是好人多，你说是吧？

玛　丽： 你说的是。我看你这个人就挺不错的，说话和气。不像有的司机，说话嘴里净带脏字，让人听了都脸红。

司机乙： 有的人文化素质太低，说话就是不文明，遇到乱穿马路的，急了就骂几句。不过，有时候他们也不是真的骂谁，一张嘴就把脏字带出来了，成口头语了……瞧，光顾说话了，忘了问你们了，到了前边的路口是直走还是拐弯啊？拐弯虽说绕几步，可是路好走，不堵车。

玛　丽： 怎么方便怎么走吧，听你的。

司机乙： 别听我的呀，你是乘客，乘客是上帝，我得听你的。你说怎么走，我就怎么走。

玛　丽： 出租车司机要是都像你这样就好了。

司机乙： 你可别这么夸我。我们当司机的，不挨骂就算不错了。现在不是有句话叫做"理解万岁"吗？你理解干我们这一行的，就什么问题都没有了。到了，二位。

玛　丽： 给你钱。

司机乙： 这是发票，拿好。

词　语

1	避	bì	（动）	to avoid
2	体会	tǐhuì	（名、动）	understanding; to understand
3	道理	dàolǐ	（名）	reason
4	既然	jìrán	（连）	now that
5	扳	bān	（动）	to pull
6	嫌	xián	（动）	to dislike
7	拒载	jùzài	（动）	(of a taxi driver) to refuse to take passengers

8	挨	ái	（动）	to suffer
9	罚	fá	（动）	to fine
10	搭	dā	（动）	to carry a passenger on the way
11	少说	shǎoshuō	（副）	at least
12	软件	ruǎnjiàn	（名）	software
13	稳	wěn	（形）	stable
14	年纪轻轻	niánjì qīngqīng		at a quite young age
15	独立	dúlì	（动）	independently, on one's own
16	惯	guàn	（动）	to spoil
17	顾不上	gù bu shàng		cannot attend to
18	潇洒	xiāosǎ	（形）	joyful and easily
19	宰	zǎi	（动）	to rip off, to cheat
20	争气	zhēng qì		to work hard to win honour for
21	故意	gùyì	（副）	on purpose
22	绕道	rào dào		to go in a round about way, to make a detour
23	名声	míngshēng	（名）	reputation
24	和气	héqi	（形）	polite, kind
25	脏字	zāngzì	（名）	dirty words
26	素质	sùzhì	（名）	quality of person
27	文明	wénmíng	（形）	polite
28	拐弯	guǎi wān		to turn (left or right)
29	乘客	chéngkè	（名）	passenger
30	上帝	Shàngdì	（名）	God
31	万岁	wànsuì	（动）	long live

注　释

1. 风里来雨里去

形容经常外出做事，非常辛苦。

2. 理解万岁

这句话的意思是人和人之间互相理解很重要。

语句理解

1. 那就看你的了

“那就看……的了”指把做好某事的希望寄托在某人身上。比如：

（1）甲：我认识好多大学生，我帮你找一个辅导吧。

乙：那就看你的了。

（2）甲：你们放心，他一上场，咱们的球队准赢（yíng）。

乙：那就看他的了。

2. 这不是要我的命吗

“要……的命”表示给人造成极大的困难，使人不能承受。比如：

（1）甲：你要是想买这儿的房子至少得准备五百万。

乙：这不是要我的命吗？我连五十万都拿不出来。

（2）甲：学校下星期有万米长跑比赛，我们都报名了，也给你报上了。

乙：万米？我走都走不下来，这不是要我的命吗？

3. 真拿你没办法

“拿……没办法”表示对某人没有好的应付办法。比如：

（1）甲：对不起，请你再说一遍。

乙：我都说了三遍了，你还没听懂？真拿你没办法。

（2）他总是迟到，真拿他没办法。

4. 看样子

表示根据前面说到的或客观情况作出估计、判断。比如：

（1）甲：生鱼片他一口也没吃。

乙：看样子他不喜欢吃生鱼片。

（2）天阴得厉害，看样子这场雨小不了。

5. 话又说回来

在强调某一方面之后，又从另一相反方面分析或说明，而后者往往是说话人真正想说的。比如：

（1）他因为考试作弊（zuò bì）被开除，处罚（chǔfá）是太重了。可话又说回来，学生考试作弊是非常不应该的。

（2）甲：他们是因为感情不好才离婚的。

乙：感情不好的夫妻在一起生活，的确很痛苦（tòngkǔ）。话又说回来，离婚对双方的伤害也是很大的。

练　习

一　用正确的语调朗读下面的句子，并解释画线词语的意思：

1. 你的话好像有点儿道理，那就看你的了。
2. 哎哟，你可别！这不是要我的命吗？
3. 真拿你没办法，算了。
4. 看把你得意得！
5. 我那儿子，被他妈妈惯得没个样儿，……
6. 你理解干我们这一行的，就什么问题都没有了。

二　注意下面词语的用法，并替换画线部分的词语：

1. 嫌

（1）你要是嫌贵，就别买。

（2）你要是嫌这个房间小，就换一个吧。

2. 怎么……怎么……

（1）我也不懂什么发型，怎么好看怎么理吧。

（2）老师怎么教，我就怎么学。

三　用指定的词语完成下面的对话，然后做模仿会话练习：

1. 甲：我不会跳舞，可是她非要跟我跳。

乙：______________________________。（既然）

2. 甲：你看这位老太太多大年纪了？

乙：______________________________。（少说）

3. 甲：我的钱包丢了，怎么办呢？

乙：______________________________。（看把你……得）

4. 甲：怎么，你不会用汉语写文章？

乙：____。（更别说）

5. 甲：他骂了我，我才骂他的。

乙：他骂你是他不对。______________________________。（话又说回来）

四 回答下列问题，用上下面句子中画线部分的词语：

1. 谈谈年轻人独立生活的好处。
2. 你认为怎样才算是活得潇洒？
3. 怎样才能提高国民的文化素质？
4. 说说生活中的不文明表现。

五 根据课文回答下面的问题：

1. 出租车司机甲为什么不想让玛丽坐他的车？他为什么怕玛丽抄他的车号？
2. 出租车司机乙对外国留学生的印象是什么？
3. 为什么说出租车司机是一个辛苦的行业？
4. 谈谈你遇到或听说的一些出租车司机的感人或不良行为。

六 大家谈：

1. 如果你是一个出租车司机，你不喜欢或者害怕哪种乘客？为什么？遇到这样的乘客要坐你的车，你怎么办？
2. 怎样理解“乘客是上帝”这句话？

七 叙述：

以一个出租车司机的口吻，叙述自己的日常生活。

八 成段表达：

以下面的句子为引导语，各说一段话。

1. 你没有这样的体会吗？……
2. 根据我的经验，……

第四课 今天我请客

热身话题

1. 你常和朋友出去吃饭吗？一般怎么付钱？
2. 请你介绍一下学校周围饭馆儿的名字及饭菜特色。

（王峰帮玛丽修改她写的一篇文章，不知不觉过了食堂开饭的时间……）

玛　丽：　糟糕，都六点半了。真对不起，王峰，耽误你吃饭了。

王　峰：　嗨，朋友之间别那么客气。

玛　丽：　这样吧，今天我请客，咱们到外边找个地方随便吃点儿。

王　峰：　那像什么话？哪有男的让女的请客的？还是我请你吧。

玛　丽：　哎，这请客可是我先提出来的，今天不管怎么说都得我请。

王　峰：　我看这样吧，咱们来个 AA 制，一起吃饭，饭钱分摊，你看好吗？

玛　丽：　这样也好。哎，我最近发现学校西边有一个新开的饭馆儿，菜的味道相当不错。

王　峰：　那咱们就去那儿吧。

（两人走进饭馆儿）

王　峰：　嗬，人可真不少哇！

玛　丽：　听说这儿的人总是这么多，有时候连座位都找不着。这家饭馆儿的生意可红火了。

服务员：　欢迎光临！您几位？

王　峰：　两位。

服务员：　这边请！

（王峰和玛丽刚要坐下，忽然听到身后有人叫王峰的名字）

王　峰：　张明，是你呀，咱们可好久没见了。

张　明：　是啊，大学毕业以后就没见过面。怎么，你也在这儿吃饭？这位是……

王　峰：　她是美国留学生玛丽。玛丽，这是我大学时的同学张明。

玛　丽：　你好！

张　明：　你好！我现在在一家软件公司工作，这是我的名片。

玛　丽：　（接过名片）你是总经理？

王　峰：　这没有什么奇怪的。中国现在公司多，总经理也就特别多。你没听人说吗？天上掉下一块石头，砸倒了三个人，其中有两个就是总经理，还有一个是……

玛　丽：　是什么？

王　峰：　是副总经理。

张　明：　别在这儿挖苦我了。哎，你们是刚来吧？来来来，到这边坐，我已经点菜了，再加几个菜，咱们一块儿吃。（对服务员）服务员，给我们添两套碗筷，再拿两个杯子来。

王　峰：　（对玛丽）他还是和过去一样的急脾气，看来咱们“恭敬不如从命”，就一块儿吃吧。

（玛丽和王峰入座）

玛　丽：　（对张明）你那么年轻就当上总经理了，真不简单！

张 明： 嗨，我们那是个小公司，不值一提。大学毕业的时候，学校把我分到机关工作。在那儿整天没事可干，也挣不了几个钱。我当时一咬牙，就和几个朋友一起"下海"了。

玛 丽： 下海？

王 峰： 就是扔掉"铁饭碗"去经商，在"商海"中"游泳"。（对张明）哎，丢掉你学的专业，你不后悔吗？

张 明： 这看怎么说。有时我也真想回来搞自己的专业。不过，"下海"对一个人的工作能力是一种很好的锻炼。从这一点上说，我感觉收获还真不小呢。

玛 丽： 我很佩服你的勇气。

（三人边吃边聊，桌子上的菜已经吃得差不多了）

张 明： （对玛丽）你觉得这儿的菜怎么样？

玛 丽： 真好吃！今天吃得太饱了，都吃撑了。哎，剩下的菜怎么办哪？

张 明： 那没关系，一会儿打包带走好了。

玛 丽： 这样好。咱们今天点的菜太多了，要是都剩在这儿，多浪费呀。

张 明： 在饭馆儿吃饭当然要多点几个菜，不然显得多小气呀。

（远处传来争吵声）

玛 丽： 那边怎么了？

张 明： 噢，那些人是结账时争着付钱呢。

玛 丽： 付钱怎么跟打架似的？

王 峰： 这也是我们这儿的人吃饭时的一个习惯。几个朋友一起来吃饭，事先没说好谁请客，吃完就争着付钱，谁也不愿意白吃一顿。要是这次别人付了钱，就老觉得欠别人点儿什么。

玛 丽： 我看还是AA制好。张明，你说呢？

张 明： 好是好，不过今天我们是头一次见面，这个客还是由我来请。

王 峰： 那哪儿行啊？

张 明： 咱俩还争什么呀？（服务员走了过来，把一些零钱交给张明）你看，争也没用，钱我已经付了。

王　峰：　嘿，你手真快，什么时候交的钱？

张　明：　这你就别管了。哎，你别不高兴。这样吧，这次算我的，下次一块儿吃饭的时候，你请我，再加上这位朋友，行了吧？你要是不放心，咱们现在就把时间地点定了：下周六晚上，香格里拉，怎么样？

王　峰：　怎么？想"宰"我？

玛　丽：　你们都请了，那我呢？

张　明：　（对王峰）看见没有？这儿还有愿意挨"宰"的呢。

词　语

1	不知不觉	bù zhī bù jué		unconsciously, unaware
2	像话	xiànghuà	（形）	reasonable, proper
3	分摊	fēntān	（动）	to portion
4	嗬	hē	（叹）	*indicating astonishment*
5	生意	shēngyi	（名）	business, trade
6	红火	hónghuo	（形）	flourishing, prosperous
7	光临	guānglín	（动）	presence (of a guest, etc.) (honorific expression)
8	名片	míngpiàn	（名）	business card
9	总经理	zǒngjīnglǐ	（名）	general manager
10	砸	zá	（动）	to pound, to smash
11	副	fù	（形）	vice-, deputy
12	挖苦	wāku	（动）	to speak sarcastically or ironically
13	添	tiān	（动）	to add
14	碗筷	wǎnkuài	（名）	bowls and chopsticks
15	脾气	píqi	（名）	character, personality, (bad) temper
16	入座	rù zuò		to take one's seat (at a banquet, ceremony, etc.) (formal expression)
17	咬牙	yǎo yá		to grit one's teeth (enduring)
18	经商	jīng shāng		to run business
19	后悔	hòuhuǐ	（动）	to regret
20	佩服	pèifú	（动）	to admire
21	勇气	yǒngqì	（名）	courage

22	撑	chēng	（动）	to be stuffed, to overfill
23	剩	shèng	（动）	to leave, to remain
24	打包	dǎ bāo		to take leftovers home after eating at a restaurant
25	显得	xiǎnde	（动）	(It) looks..., (It) seems
26	小气	xiǎoqi	（形）	stingy
27	争吵	zhēngchǎo	（动）	to quarrel
28	结账	jié zhàng		to pay the bill
29	争	zhēng	（动）	to compete with others for sth.
30	打架	dǎ jià		to fight
31	欠	qiàn	（动）	to owe

注　释

1. 恭（gōng）敬不如从命

对对方的邀请，与其过于客气，不如听从对方的安排。

2. 下海

放弃公职投身商业，泛指放弃原来稳定的工作而去做生意。

3. 铁饭碗

比喻非常稳固的职位。

4. 香格里拉

著名饭店的名字。

语句理解

1. 那像什么话

意思是："那样做是不合理的，怎么能那样做呢？"比如：

（1）甲：负责这件事情的是你的朋友，你能帮我向他求求情吗？

乙：那像什么话？公事公办嘛。

（2）甲：别走了，就住我家吧。你们睡床，我睡沙发。

乙：那像什么话？我们还是住饭店吧。

2. 这没有什么奇怪的

“没有什么……的”表示不值得做某事，没有做某事的必要。比如：

（1）甲：别走，价钱可以商量嘛。

乙：没有什么可商量的，价格高于一百我就不要。

（2）甲：你怎么没买东西？

乙：我觉得没有什么可买的。

3. 不值一提

说话人认为事情太小，不值得说。比如：

（1）我哪是什么作家，只写过几篇小文章，不值一提。

（2）他不过是一个小小的组长，根本不值一提。

4. 这看怎么说

表示一件事情如果从不同角度看会有不同结论。比如：

（1）甲：父母说的话，子女应该服从。

乙：这看怎么说，要是父母的话不对，你也听吗？

（2）甲：在公司工作，可比在学校挣钱多得多。

乙：这看怎么说，有的公司名气大，收入并不一定很多。

练　习

一　用正确的语调朗读下面的句子，并解释画线词语的意思：

1. 那像什么话？哪有男的让女的请客的？
2. 看来咱们“恭敬不如从命”，就一块儿吃吧。
3. 我当时一咬牙，就和几个朋友一起“下海”了。
4. 在饭馆儿吃饭当然要多点几个菜，不然显得多小气呀。
5. 你手真快，什么时候交的钱？
6. 看见没有？这儿还有愿意挨“宰”的呢。

二　体会“显得”在例句中的用法，然后完成下面的句子：

例句：你穿上这件衣服，显得挺年轻的。

1. 考试的时候，他说话的声音发抖（fā dǒu），显得……

2. 他出门坐的是高级汽车，显得……
3. 你戴上眼镜以后，显得……
4. 雪后的长城显得……

三 完成下面的对话，然后用上带点的词语做模仿会话练习：

1. 甲：你要是喜欢就拿去吧，我再去买一个。
   乙：那像什么话！____。

2. 甲：罚他这么多钱不合适吧？
   乙：这没有什么________________的，________________________。

3. 甲：这件衣服比那件贵多了，你怎么不买那件便宜的呢？
   乙：你没听人说吗？____。

4. 甲：你真的不喜欢她吗？
   乙：这看怎么说，____。

5. 甲：中国人均收入虽然不高，可是人们的生活比过去有了很大的改善。
   乙：从这一点上说，____。

四 回答下列问题，用上下面句子中画线部分的词语：

1. 生活中发生的什么事你觉得不像话？
2. 谈一件你干过的现在觉得后悔的事。
3. 介绍一位你最佩服的人。

五 根据课文回答下面的问题：

1. 王峰为什么不同意让玛丽请客？
2. 张明为什么辞去公职“下海”经商？
3. 一些中国人饭后付钱为什么像打架一样？
4. 什么是 AA 制？ AA 制的好处是什么？
5. 张明为什么说“这个客还是由我来请”？

六 讨论：

1. 和朋友一起出去吃饭，你觉得结账的最好方法是什么？说说理由。
2. 当一起吃饭的朋友要为你付钱的时候，你怎么办？

3. 男女朋友一起吃饭，该不该由男的付钱？
4. 如果有人请你吃了饭，你有没有回请他的打算？
5. 为什么在中国辞去公职去经商被说成是有勇气的表现？

七 下面的漫画说明了什么社会现象？

补充材料

朗读下面的笑话：

副总经理

一位公司职员回到家，得意地对妻子说："你知道吗？因为我工作得出色，已经被公司提拔为副总经理了。"妻子听了，不以为然地笑了笑说："真是不错，不过我听说现在副总经理多得满地都是。你知道吗？咱们经常去买东西的那家大商场，因为副总经理太多，只好让其中一位专管发放购物袋。"

公司职员气得跳了起来："不可能！我要马上打电话给那家商场，让他们证明你是在说谎。"他拨通电话："我找专管发放购物袋的副总经理。"话音刚落，就听电话里传出一句很有礼貌的声音："请问，是管纸袋的那位还是管塑料袋的那位？"

口语知识（一）

1　口语中的轻声现象

学过一段时间汉语的人都有这样的体会：汉语普通话里的每一个音节，在单独念的时候都有一定的声调，但是有的音节在词或句子里读出时，却往往失去原来的声调，变成一种短而轻的调子，这就是我们常说的轻声现象。例如“头”这个字，在单独念或者组成“头发”“头顶”“带头”“回头”等词语时，读阳平（二声），但是在“木头”“跟头”“馒头”等词语中，“头”字的发音就比原来轻得多、短得多，这个“头”的发音就是轻声。轻声现象一般出现在词语或句子中，是我们学习汉语口语时应该重点解决的问题。

那么，轻声在读音上有哪些规律呢？它对词汇和语法会产生哪些作用呢？我们从几个方面总结一下：

（1）轻声音节的发音规律

外国人学习汉语，声调是一个难关。轻声音节的音高不是固定不变的，它常常受前一个音节声调的影响而改变，这就加大了掌握轻声音节发音的难度。一般来说，轻声音节在上声（三声）字后面音最高，如：“晚上”“你们”“买的”“里头”“姐姐”等；在阴平（一声）、阳平（二声）字后面读中调，如：“箱子”“听着”“哥哥”“石头”“拿来”“便宜”“红的”等；在去声（四声）字后面音最低，如：“月亮”“柿子”“看看”“地上”“去吧”等等。

轻声还会使音节中声母或韵母的发音发生变化，甚至使一些音节失去韵母，如：“豆腐”，由［toufu］读成［touf］；“我们”，由［uomən］读成［uom］。

（2）轻声音节的变读规律

我们说话的时候，究竟哪些音节该读轻声呢？一般来说，书面语，特别是科学术语，读轻声的音节很少。轻声大多出现在日常口语中。下面一些成分，在汉语普通话里都读成轻声：

①“吧、吗、呢、啊”等语气词。例如：

快去吧！
你是北京人吗？
我还没复习好呢。
这儿的风景真漂亮啊！

②“的、地、得”等结构助词。例如：

这是我的。
他飞快地跑了。
她们激动得不知说什么好。

③“了、着、过”等动态助词。例如：

孩子上学了。
他家锁着门呢。
我没有看过那个电影。

④“子、头、们”等名词或代词的后缀。例如：

桌子　儿子　兔子　日子
罐头　舌头　骨头　上头
咱们　人们　孩子们

⑤量词“个”。例如：

买个电视吧。
我们的人去了三个。
在那儿玩儿了个痛快。

⑥ 某些方位词或方位词素。例如：

家里　地下　桌子上　前边　里头

⑦ 用在动词后面的趋向补语。例如：

我回来了。

你上去看看。

请你站起来。

他刚从外面走进来。

⑧ 重叠动词的后一个音节以及夹在重叠动词中间的"一"或"不"。例如：

让我听听。

我来试试。

你好好儿想一想。

我说得对不对？

⑨ 人称代词做宾语。例如：

您找我？

请你来给我们讲讲。

叫他别喊了。

此外，一些口语中常用的双音节词的第二个音节也常读成轻声。例如：

爷爷	娃娃	星星	宝宝	大夫	葡萄	玻璃
味道	告诉	打听	商量	客气	明白	凉快
老实	清楚	多么	怎么	什么		

另外，一些词语在口语中人们习惯读成轻声，这就需要多听、多学、多练，培养自己的语感了。

（3）轻声与非轻声词语的不同

汉语普通话里，有些词语有轻声和非轻声两种读法，它们在意义和词性上也有所不同。请看下面A、B两个句子中画线词语的对比：

① A. 这所房子里有个地道。（dìdào，地下坑道，名词）
   B. 这是地道的茅台酒。（dìdao，真正的，形容词）

② A. 买一盒茉莉大方吧。（dàfāng，茶叶名，名词）
   B. 孩子在客人面前挺大方的。（dàfang，不拘束，形容词）

③ A. 敌人的军队反正了。（fǎnzhèng，敌方军队投到己方，动词）
   B. 谁爱去谁去，反正我不去。（fǎnzheng，不管怎么样，副词）

④ A. 别有精神上的压力。（jīngshén，指人的心理状态，名词）
   B. 小伙子长得挺精神的。（jīngshen，有活力，漂亮，形容词）

⑤ A. 这个村子有十几户人家。（rénjiā，住户，名词）
   B. 人家都不怕，你怕什么？（rénjia，别人，代词）

⑥ A. 请总结这篇文章的段落大意。（dàyì，主要的意思，名词）
   B. 千万不要大意。（dàyi，疏忽，不注意，形容词）

2　儿化在口语中的音变规律

提起儿化，一些外国学生以为那是北京人说话时特别的语音现象。这里面有两方面的误解：其一，不仅是北京话里有儿化现象；其二，儿化不只是一种单纯的语音现象，它在汉语中还有着修辞或表示一定的语法功能的作用。

怎样理解汉语中的儿化现象呢？

汉语普通话里，“儿（er）”常用作词尾。它可以附在其他音节之后，与前一个音节的韵母结合起来，构成一种卷舌韵母，我们把它叫作“儿化韵”。儿化韵里的“儿”已经不是一个单独的音节，它与前面的音节融合为一个音节，只是在发音的时候保留了因卷舌动作而产生的短而弱的卷舌音（-r）。

汉语普通话的韵母除了ê、er以外都可以儿化。韵母儿化是有一定规律的。主要分以下几类：

（1）韵腹或韵尾是a、o、e、u的音节儿化时原韵母不变，直接加卷舌动作。如：

哪儿（nǎr）	一下儿（yíxiàr）	花儿（huār）
坡儿（pōr）	大伙儿（dàhuǒr）	小猫儿（xiǎomāor）
鸟儿（niǎor）	歌儿（gēr）	土豆儿（tǔdòur）
妞儿（niūr）	汗珠儿（hànzhūr）	

（2）韵母是i、ü的音节儿化时在原来的韵母之后加上［ər］音。如：

小鸡儿（xiǎojīr）	书皮儿（shūpír）	小曲儿（xiǎoqǔr）

（3）韵尾是-i或-n的音节儿化时，原韵母中的韵尾失落，在主要元音上加卷舌动作。如：

小孩儿（xiǎoháir[xai→xar]）
香味儿（xiāngwèir[uei→uər]）
脸蛋儿（liǎndànr[tan→tər]）
树根儿（shùgēnr[kən→kər]）

（4）以-ng为韵尾的韵母，儿化后-ng韵尾同前面的主要元音合成鼻化元音，同时加上卷舌动作。如：

胡同儿（hútòngr[t‘uŋ→t‘ũr]）
瓶儿（píngr[piŋ→pĩr]）
蛋黄儿（dànhuángr[xuɑŋ→xuɑr]）

（5）韵母是-i［ɿ］［ʅ］的音节儿化时失去原韵母，换成［ər］。如：

棋子儿（qízǐr[tsɿ→tsər]）
树枝儿（shùzhīr[tʂʅ→tʂər]）

掌握汉语中的儿化现象，不仅仅是学会它的发音，还要注意儿化在其他方面的作用。让我们从以下几个方面看：

（1）有些词的儿化与非儿化有区别词义的作用。请注意下列A、B两个句子中带点词语的区别：

① A. 他写了一封信。
B. 你给她带个信儿。（信息、消息）

② A. 我刚刚洗了头。
B. 张科长是我们的头儿。（领导）

③ A. 泪水模糊了小王的双眼。
B. 桌子上怎么有那么多的眼儿？（小窟窿、洞）

④ A. 我忘了和客人握手。
B. 我给你们露两手儿。（技能、本领）

（2）有些词的儿化与非儿化有区别词性的作用。请注意下列 A、B 两个句子中带点词语的对比：

① A. 她买的鱼是活的。（动词）
B. 这活儿是谁干的？（名词）

② A. 这都是你画的？（动词）
B. 把这张画儿送给我吧。（名词）

③ A. 这些破烂东西趁早扔掉。（形容词）
B. 我可不要这些破烂儿。（名词）

④ A. 这条街真热闹。（形容词）
B. 他就喜欢看热闹儿。（名词）

（3）有少量词语的儿化带有感情色彩，用来指较小的或喜欢、感到亲切的事物。试比较下面 A、B 两个句子中带点的词语：

① A. 这一带有鲨鱼。
B. 我给儿子买了几条小鱼儿。

② A. 这孩子，真不听话！
B. 这个小孩儿真可爱。

③ A. 海水冲走了岸边的房屋。
B. 我想喝汽水儿。

最后要说明的是，汉语普通话里，有些词语必须要读儿化，像“一会儿”“冰棍儿”“馅儿饼”等；有的可读可不读，像“熊猫”“公园”等；严肃认真或高大雄伟的事物一般不读儿化，像“会议”“上课”“天安门”等。

练　习

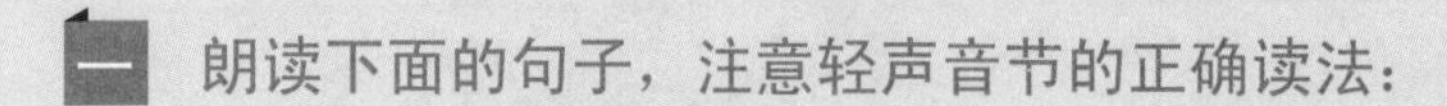

一 朗读下面的句子，注意轻声音节的正确读法：

1. 他们买了几个玻璃杯子。
2. 在外面哭的是你的孩子吧？
3. 把你要说的都写在纸上。
4. 你还不过去问问。
5. 你看看地上这些葡萄皮儿，快起来打扫打扫！
6. 你爸爸给你找了个大夫，在屋里等着你呢。

二 下列词语都有轻声和非轻声两种读法，请说出它们在意义或词性上的不同：

大爷　东西　照应　利害　实在　地下　对头

三 找出你身边用轻声词语表示的十种东西。

四 说出下列各组词语在词义或词性上有什么不同：

1. 盖（gài）
   盖儿（gàir）
2. 包（bāo）
   包儿（bāor）
3. 刺（cì）
   刺儿（cìr）
4. 扣（kòu）
   扣儿（kòur）
5. 早点（zǎodiǎn）
   早点儿（zǎodiǎnr）
6. 没劲（méi jìn）
   没劲儿（méi jìnr）
7. 有门（yǒu mén）
   有门儿（yǒuménr）

五 说出上述例句和练习之外的十个儿化词语。

口语常用语（一）

接待用语

如果你工作的公司需要你接待中国的客人，那么你就是一位主人了。有关接待的一些常用语你掌握了没有？如果还没有，或者掌握得不多，那就请你和我们一起来看看下面的内容吧。

（1）约定与见面

当你准备到机场迎接客人到来之前，你可能有两个不放心，一是机场里人太多，你怕到时候找不到他；二是你们第一次见面，你不认识他。这时候，在问清客人到达的确切时间后，打个电话约定一下见面的地点和方式，也许是必要的。下面这些话你都掌握了吗？

① 您放心，我会准时去机场接您的。
② 我在机场大厅的东侧等您。
③ 您出来时，请注意我手里拿着的牌子，上面写着您的名字。
④ 万一找不到我，请随时和我联系。我告诉您我的手机号码，请您记下来。

接到客人后，你也许要上前进行一些礼节性的寒暄：

① 您好！我是公司派来接您的。我叫白山，这是我的名片。
② 欢迎您到我们国家来！
③ 路上辛苦了！
④ 您在这里的业务活动都由我来安排。
⑤ 希望我们合作愉快。
⑥ 您的行李都拿齐了吗？
⑦ 请跟我来，我们的车在外面等您呢。

（2）安排与计划

在前往客人住处的路上，可以将当天的安排告诉客人，使客人心中有数：

> 您的住处我们已经为您安排好了。到饭店以后，您先休息一下，中午我们一起吃午饭。下午四点以前没有安排什么活动，如果您愿意，我陪您到市里去观光，看看我们这座城市。五点钟，我们总经理和您见面。晚上，总经理邀请您共进晚餐。您看这样安排行吗？

你也可以拿出你们的日程表给客人看：

> 这是我们的日程表，请您过目。如果您觉得有什么不妥当的地方，请您提出来，我们可以商量。

如果客人提出一些要求，你可以根据自己的权限范围作出不同的回答：

> ① 这不成问题，我就可以决定了。
> ② 我看可以，回去后我跟他们说一下，一定满足您的要求。
> ③ 我们尽量为您安排，如果可以的话，我会及时和您联系的。
> ④ 这件事我做不了主，得跟我们总经理商量一下。
> ⑤ 这恐怕不行，请您多包涵。

（3）日常接待语言

在与客人交往的这段时间里，有些话是你经常要说的或者有必要掌握的：

> ① 昨天休息得好吗？
> ② 您对我们的安排满意吗？
> ③ 这里的饭菜吃得惯吗？
> ④ 有什么需要我为您办的吗？
> ⑤ 请您早点儿休息吧。
> ⑥ 我们安排不周，请原谅。

⑦ 这是我们应该做的。
⑧ 到时候我来接您。
⑨ 我们会为您安排的。
⑩ 您别客气，有什么要求尽管提。

在宴会上，有些话最好你会说：

① 王先生，我敬您一杯。
② 中国有一句话："酒逢知己千杯少。"
③ 我替我们总经理跟您干一杯。
④ 这是我们这里的特产，您可得尝尝。
⑤ 对不起，我实在不能再喝了。
⑥ 张先生，您真是海量。
⑦ 您今天喝得可不多。
⑧ 您想不想来一首卡拉ＯＫ？

在陪同客人参观时，你应该学会说下面的话：

① 您要在这儿多看一会儿吗？
② 我们到那边去看看吧。
③ 您还想参观什么地方？
④ 这是我们的最新产品。
⑤ 这些都是为您准备的说明书。
⑥ 要不要休息一下？
⑦ 今天就到这儿吧，我们该回去了。
⑧ 您对我们的产品有什么看法？

在陪客人上街买东西时，常常会有这样的话题：

① 这是著名的商业街，在这儿可以买到世界各地的名牌产品。
② 这里的服装很受女士们的欢迎，您不给夫人买一件吗？
③ 那条街上的东西都很便宜，您要不要去看一下？
④ 我觉得这顶帽子很适合您戴。

⑤ 这些都是我们这里的特产，您可以买一些带回去给朋友们。

（4）告别与送行

客人临行前，总要与你告别，告别的语言是必须要掌握的：

① 为您服务我觉得很愉快。
② 我希望我们的接待没有给您留下什么不愉快的印象。
③ 希望您再次到我们这儿来做客。
④ 很希望再见到您。
⑤ 需要我为您做什么，请来信吧。

当客人向你表示感谢时，你可以作以下回答：

① 您太客气了。
② 我的工作就是让您满意。
③ 谢谢您的夸奖！
④ 您过奖了。

当客人邀请你访问他们国家时，你可以说：

① 有机会我一定去。
② 我很想去你们国家看看。
③ 遗憾的是我现在工作很忙，离不开。
④ 到时候我会给您去信的。
⑤ 希望能在你们国家再见到您。

最后在机场送行的时候，你应该学会说一些离别时常说的话，并给客人美好的祝愿：

① 路上多小心。
② 请代我向您的家里人问好。
③ 如果方便的话，请给我来信。
④ 请多保重！
⑤ 祝您一路顺风！
⑥ 一路平安！

第五课　读书是一种享受

热身话题

1. 你喜欢去书店买书还是上网订书？说说理由。
2. 在中国，你常去什么地方买书？买了些什么书？
3. 你最喜欢看什么书？

（玛丽和大卫听王峰说动物园附近正在举办特价书市，大清早就赶来了。谁知书市还没开始卖书，售票处已经排起了长长的队伍……）

玛　丽：　我的天哪，这么多人！这得排到什么时候去呀？

大　卫：　别多说了，快去排吧，待会儿人更多了。

玛　丽：　（对排在她前面的一个中年男人）来书市的人怎么这么多呀？

中年人：　买书的人多说明读书的人多，这是好事啊，“开卷有益”嘛。我倒是希望买书的人比上饭店、买时装的人多。

玛　丽：　听你的口气，你对书很有感情啊。

中年人：　你真是说着了。我这个人哪，一不爱抽烟，二不爱喝酒，就爱看书。每月挣的这些钱，除了吃穿日用，差不多全都买了书了。

玛　丽：　是吗？那你家里人没意见哪？

中年人：　多少有那么点儿吧。本来挣钱就不多，又这么个花法，没意见才怪呢。别人就更不理解了，都叫我"书呆子、书痴、书虫……"，叫什么的都有，可就是离不开一个"书"字。

玛　丽：　对喜欢书的人来说，读书是一种享受，哪还想得了那么多？

中年人：　真没想到，今天在这儿碰上一个知己，还是个外国人。

大　卫：　今天不是周末，怎么还这么多人哪？你们今天都不上班吗？

中年人：　特价书市每年就办这么一两次，谁不想早点儿来看看哪？来晚了，好书就都卖完了。这些人，有请假的，有倒休的，反正都是爱看书的人。要不，谁这么早到这儿来站着呀？

大　卫：　这儿的书在书店里没有卖的吗？

中年人：　这不是图个便宜嘛。这儿卖的书，九折到五折，比在书店买便宜多了。要是买得多，能省出一大笔钱呢。哎，快排好吧，开始卖票了。

（玛丽和大卫买了票走进书市，看到一个个摊位排成行，摊位的上方分别标着各个出版社和书店的名字。他们来到一个书摊前）

玛　丽：　大卫，快来！这儿有你喜欢的卡通书。

大　卫：　在哪儿？我看看。哟，这么多！买哪个好呢？

玛　丽：　我看你都该买，不过还得看你带了多少钱。

大　卫：　你看，这儿还有《三国演义》呢。

（一位妇女和玛丽搭上了话）

妇　女：　姑娘，要照我说，这些中国古典名著的小人书——噢，也就是你们说的卡通书——你们真该买一些。又有字，又有画儿，看起来容易懂。要是看原著，对你们来说就太难了。

玛　丽：　是这么回事。哎，你买这么多卡通书，是给你孩子看的吧？

妇　女：　可不是。当父母的有点儿钱还不都花在孩子身上？不过，闲着没事的时候我也翻翻。你还别说，成年人看小人书也有上瘾的时候。

玛　丽：　我能看看你买的书吗？……《十万个为什么》《少年百科全书》《有

趣的动物世界》《小学生优秀作文选》《上下五千年》……嗬，真不少。你孩子多大了？这些书他都能看懂吗？

妇　女：　孩子刚上小学，有的也看不懂，早点儿给他预备一些吧。人家都说这是“智力投资”，反正书多了没坏处。

大　卫：　你为孩子可真是想到家了，我现在体会到什么是你们中国人常说的“可怜天下父母心”了。

妇　女：　咳，当父母的，都这样。哎，你们还想买什么书？我帮你们参谋参谋。

玛　丽：　我主要想买一些工具书。

妇　女：　那边有个教育书店的摊位，工具书多着呢。我昨天还在那儿买了不少呢。

玛　丽：　（对大卫）那我去那边看看，待会儿你去找我。（对妇女）谢谢你了！

大　卫：　这儿的人那么多，我哪儿找你去呀？

玛　丽：　找不着咱们就大门口见，不见不散。

（玛丽在书摊上买了不少工具书，售货员正在帮她把书捆好）

售货员：　你今天买的书可真不少哇！

玛　丽：　先生，有件事我不明白。我买的这些书里，有很多都是新出版的，有些还是畅销书。这么好的书为什么要降价呢？

售货员：　一般人认为，降价书都是卖不动的，其实不一定。现在出版社、书店多了，有个市场竞争问题。很多出版社、书店到这儿来摆摊儿，不完全是为了赚钱，也是为了吸引顾客，提高自己的知名度。

玛　丽：　噢，是这么回事。

售货员：　刚才书市门口有电视台的记者来采访，像你这样的“购书状元”，如果接受了采访，“知名度”肯定也会提高的。

玛　丽：　是吗？先生，要是不麻烦的话，还是请你帮我把书拿出去吧。

售货员：　怎么？

玛　丽：　中国不是有一句话吗？叫作“人怕出名猪怕壮”。

词 语

1	享受	xiǎngshòu	（动）	to enjoy
2	时装	shízhuāng	（名）	fashionable dress
3	意见	yìjiàn	（名）	complaint
4	多少	duōshǎo	（副）	more or less
5	本来	běnlái	（副）	*indicating a certain view of sth. or a certain way of doing sth. is obviously correct or reasonable*
6	怪	guài	（形）	strange, queer
7	知己	zhījǐ	（名）	friend who knows you well and understands you
8	图	tú	（动）	to pursue, to seek
9	摊位	tānwèi	（名）	stall
10	分别	fēnbié	（副）	respectively
11	标	biāo	（动）	to label
12	卡通	kǎtōng	（名）	cartoon
13	搭话	dā huà		to strike up a conversation with sb.
14	古典	gǔdiǎn	（形）	classical
15	名著	míngzhù	（名）	masterpiece
16	原著	yuánzhù	（名）	original work
17	百科全书	bǎikē quánshū		encyclopaedia
18	预备	yùbèi	（动）	to get ready, to prepare
19	智力	zhìlì	（名）	intelligence
20	投资	tóu zī		to invest
21	工具书	gōngjùshū	（名）	reference book, dictionary
22	捆	kǔn	（动）	to tie
23	畅销	chàngxiāo	（动）	to be sold wel
24	竞争	jìngzhēng	（动）	to compete
25	赚钱	zhuàn qián		to earn money
26	吸引	xīyǐn	（动）	to attract
27	知名度	zhīmíngdù	（名）	extent to which a person is known to the public

注释

1. **特价书市**

以特别降低的价格出售图书的展销会。

2. **开卷有益**（yì）

打开书本阅读，就会有所得。

3. **书呆**（dāi）**子、书痴**（chī）**、书虫**

这三个词语都是指那些读起书来会忘掉周围一切的人，含贬义。

4. **倒**（dǎo）**休**

（职工）工作日和休息日互换。

5. **《三国演义》**

中国古典文学名著，是元末明初的作家罗贯中根据《三国志》等史书编写的一部长篇历史小说。

6. **可怜天下父母心**

世界上做父母的，大多愿为子女牺牲自己的一切，令人感叹。

7. **不见不散**

人们约会时的常用语，意思是约会时一定要等对方的到来，不要提前离去。

8. **状**（zhuàng）**元**

中国古时科举考试，成绩最好的称为状元，现比喻在某一方面最出色的人。

9. **人怕出名猪怕壮**（zhuàng）

俗语。意思是人一出了名，就会受到别人的注意，遭到嫉妒、排挤和打击，就像猪长肥了就会被杀掉一样。

语句理解

1. **你真是说着了**

表示对方说的话非常符合事实。比如：

（1）甲：你好像很喜欢吃甜的。

乙：你真是说着了，蛋糕啊、巧克力啊，我吃起来没够。

（2）甲：那个老师看起来笑眯（mī）眯的，其实可厉害了。

乙：你真是说着了，他批评人的时候能把人批评哭了。

2. 多少有那么点儿吧

表示无论多少，在一定程度上总会存在。比如：

（1）甲：对明天的表演，你好像很紧张。

乙：多少有那么点儿吧，这是我的第一次正式演出。

（2）甲：他是不是看不起外地人？

乙：我看多少有那么点儿吧。

3. 要照我说

表示说出自己的意见或看法供对方参考，希望别人能按照自己所说的去做。比如：

（1）甲：我妈妈说她想夏天来看我。

乙：要照我说，还是秋天来比较好。

（2）甲：红的、蓝的我都喜欢，你说我买哪件好呢？

乙：要照我说，你还是买蓝的吧，红的太鲜艳了。

4. 你还别说

插入语，表示确认某种出乎自己意料的说法或事实。比如：

（1）甲：你看那个人长得像不像成龙？

乙：你还别说，真有点儿像。

（2）甲：他已经戒了好几次烟了，都没戒成，这次戒得了吗？

乙：你还别说，听说他真戒掉了。

5. 你为孩子可真是想到家了

“想到家了”表示考虑得非常全面、周到。比如：

（1）甲：你看，吃的、喝的、毛巾、药什么的，我都准备好了。

乙：你可真是想到家了。

（2）甲：我们怕你们旅途寂寞（jìmò），给你们准备了报纸、象棋和扑克牌。

乙：你们为我们可真是想到家了。

练　习

一　朗读下面的句子，替换画线部分的词语：

1. 我这个人一不爱抽烟，二不爱喝酒，就爱看书。

她	聪明	漂亮	你怎么会看上她
这东西	好看	便宜	你买它干什么
我	偷（tōu）	抢（qiǎng）	为什么抓（zhuā）我

2. 这不是图个便宜嘛。

    方便
    吉利
    新鲜

3. 你为孩子可真是想到家了。

儿子	做
我们	考虑
旅客	服务

二　说出加点词语的正确读法和意思：

1. 你真是说着了。
2. 多少有那么点儿吧。
3. 我看你都该买，不过还得看你带了多少钱。
4. 甲：要是看原著，对你们来说就太难了。
   乙：是这么回事。
5. 工具书多着呢。
6. 甲：（降价）不完全是为了赚钱，也是为了吸引顾客，提高自己的知名度。
   乙：噢，是这么回事。

三　完成下面的对话，然后用上带点的词语做模仿会话练习：

1. 甲：对不努力学习的学生，我们不能给他办理延长手续。
   乙：听你的口气，________________________。

2. 甲：你房间里有那么多电影杂志，你一定是个影迷吧？
   乙：你真是说着了，________________________。

3. 甲：你是不是爱上她了？

乙：多少有那么点儿吧，______________________。

4. 甲：他这次考试又不及格。

乙：______________________，考得好才怪呢。

5. 甲：妈妈让我回国，可我不想走。

乙：要照我说，______________________。

6. 甲：你看她长得像不像一位电影明星？

乙：你还别说，______________________。

四 根据课文回答下面的问题：

1. 为什么特价书市特别受欢迎？
2. 那位中年人为什么把玛丽看成知己？
3. 那位妇女为什么要给孩子买那么多书？
4. 为什么一些畅销书也被拿到书市降价出售？

五 大家谈：

1. 谈谈你对“开卷有益”这句话的理解。
2. 简单介绍你知道的一本中国名著，如书名、作者、大概内容等。
3. 你认为该不该对孩子进行早期智力投资？
4. 你是否认为“读书是一种享受”？
5. 如果让你办一个书店，你将用什么办法吸引读者？
6. 在书店买书和网上购书各有什么利弊？你更喜欢哪一种？

六 复述课文：

1. 以课文中中年人的口吻，谈谈自己对书的感情。
2. 以课文中妇女的口吻，谈谈自己为什么给孩子买书。
3. 用第三人称叙述玛丽和大卫在特价书市买书的经过。

七 成段表达：

介绍给你印象很深或对你影响很大的一本书。

补充材料

朗读下面的短文：

都卖完了

一位大作家到邻国访问。到了这个国家的首都，他决定参观全市最大的书店。大作家要来的消息传到书店老板的耳朵里，老板非常高兴。为了表示对这位大作家的尊重和欢迎，老板决定给他一个惊喜。于是，他让人把其他书都撤下来，在所有的书架上摆满了大作家的著作。

大作家来到书店后，见书架上全是自己的书，先是一喜，后是一惊："怎么？你们这里不卖其他书吗？"大作家奇怪地问。

书店老板忙回答："卖呀。"

"那其他作家的书呢？"

"都……都卖完了。"

第六课 我从小就喜欢看足球

热身话题

1. 你喜欢看足球吗？为什么？
2. 说说你最喜欢的足球队和球星。
3. 谈谈你喜欢的其他运动。

（校学生会替球迷们购买了一些足球票。安娜听说了这个消息，也排进了领票的队伍。在这里，她遇见了日本留学生山本志雄）

安　娜：　你好，“先辈”，怎么，你也来领票？

山　本：　是啊，我从小就喜欢看足球。平时不管学习多忙，一听说电视里转播足球比赛，心里就痒痒。你还不知道吧，我上中学的时候，还是校足球队的呢。

安　娜：　还真没看出来。看你一副文弱书生的样子，我还以为你只会闷在屋里看书，是个宅男呢。

山　本：　人不可貌相。我在日本的时候，参加过全国大学生运动会，得过马拉松比赛的第四名。别看是第四，破了我们大学的校纪录。至于在学校的比赛中拿冠军，那是常事。

安　娜：　真的？那我对你可得另眼相看了。明天咱们一起去看球吧，你也给我讲讲足球比赛的常识。说起来真不好意思，我虽然常看球，可并不懂球，就是图个热闹。再有，我喜欢看那些运动员在球场上冲锋陷阵。哎，你看过金狮队的比赛吗？我最喜欢金狮队的10号，球踢得好，人长得也挺帅，我们都叫他“帅哥”。

山　本：　看来你也属于球场“追星族”了。

安　娜：　追星族有什么不好？人家是“星”，我愿意去追。有人想让我追，我还看不上他呢。

山　本：　你这话不是说我呢吧？

安　娜：　你别多心，我这是随便说呢。你那么有本事，也算是个“星”吧？

山　本：　你太抬举我了。那咱们就说定了，明天五点钟我去找你，咱们一块儿走。

安　娜：　一言为定。

（在球场。球场上彩旗飞舞，锣鼓声响成一片）

安　娜：　这儿可真热闹哇！像开庆祝会似的。我还以为咱们来得太早呢。这刚几点哪，球场已经快坐满了。

山　本：　我在日本就听说，中国的球迷了不得。今天一看，果然是名不虚传。

安　娜：　今天金狮队对哪个队啊？

山　本：　看你，也不知跟谁比赛，就跑来了。今天是金狮队对猛虎队。

安　娜：　猛虎队？那金狮队肯定会赢。

山　本：　那可不一定。听说猛虎队有好几个国家队队员，今年已经连赢几场了。不过，今天是金狮队的主场，有这么多球迷的支持，谁输谁赢就难说了。

安　娜：　金狮队要是能赢的话，进球的肯定是10号。快看，比赛开始了！看见没有？金狮队带球的那位就是10号。（对着球场大声喊）10号，加油！

山　本：　你的嗓门儿真够尖的，一个人就赛过一支啦啦队，10号肯定能听到。

安　娜：　可他不知道是谁喊的。看哪，又是10号！快，快射门！噢，进啦！太棒了！我说什么来着？10号肯定会进球。可惜大卫和王峰他们今晚有篮球比赛，不能来看球，那两个才是金狮队的“铁杆儿球迷”哪。

山　本：　他俩要是来了，这儿就更热闹了。

（第二天，安娜见到大卫和王峰）

王　峰：　安娜，你昨天去看球了？

安　娜：　是啊。听说了吗？金狮队赢了，1比0，是10号进的。嘿，那球进得真漂亮！

大　卫：　他们赢了，我们可输了。昨晚运气不好，那球怎么投都不进。

王　峰：　是啊，本来大卫三分球投得挺准的，昨晚一个也没进。

大　卫：　都怪裁判。对方好几次犯规，把我手都打肿了，裁判一次也没吹。

安　娜：　你们哪，输了球就知道怨裁判。要我说呀，你们是手上打着篮球，心里想着足球哪。

大　卫：　哎，你怎么知道得那么清楚？

词　语

1	购买	gòumǎi	（动）	to buy
2	队伍	duìwu	（名）	ranks
3	转播	zhuǎnbō	（动）	(of radio or TV) to broadcast
4	文弱书生	wénruò shūshēng		a frail scholar
5	闷	mēn	（动）	to shut oneself or sb. indoors
6	马拉松	mǎlāsōng	（名）	marathon
7	破（纪录）	pò (jìlù)	（动）	to break (a record)
8	至于	zhìyú	（连）	as for
9	冠军	guànjūn	（名）	champion
10	另眼相看	lìng yǎn xiāng kàn		to treat sb. with special respect or new light
11	球场	qiúchǎng	（名）	(sports) court
12	冲锋陷阵	chōngfēng xiànzhèn		to charge forward

13	踢	tī	（动）	to play (football, etc.), to kick
14	帅	shuài	（形）	handsome
15	多心	duō xīn		to be oversensitive
16	抬举	táiju	（动）	to praise
17	飞舞	fēiwǔ	（动）	to dance in the air
18	锣鼓	luógǔ	（名）	gongs and drums
19	庆祝	qìngzhù	（动）	to celebrate
20	了不得	liǎobudé	（形）	extraordinary
21	名不虚传	míng bù xū chuán		to enjoy a well deserved reputation
22	赢	yíng	（动）	to win
23	主场	zhǔchǎng	（名）	home field
24	支持	zhīchí	（动）	to support
25	输	shū	（动）	to lose, to be defeated
26	加油	jiā yóu		to make an extra effort
27	嗓门儿	sǎngménr	（名）	voice
28	尖	jiān	（形）	sharp
29	射（门）	shè (mén)	（动）	to shoot (at the goal)
30	运气	yùnqi	（名）	luck
31	裁判	cáipàn	（名）	judge of a competion or contest
32	对方	duìfāng	（名）	the other party
33	犯规	fàn guī		to foul
34	吹	chuī	（动）	to whistle
35	怨	yuàn	（动）	to blame, to complain

注　释

1. 宅（zhái）男

日语“御宅男”的简称，出自 20 世纪 80 年代的日本，指热衷（zhōng）于漫画、电子游戏等，足不出户的男子。现在把待在家里做自己喜欢的事，出门交往不多的人称为“宅男”或“宅女”。

2. 人不可貌（mào）相（xiàng）

不能只从外貌判断一个人。

3. **追星族**

指过于狂热地崇拜文艺、体育明星的人，多为少男少女。

4. **啦啦队**

体育比赛中，在旁边或在观众席上给运动员呐喊助威的一组人。

5. **铁杆儿（gǎnr）球迷**

指非常爱看球而且忠实于某一球队的球迷。

6. **三分球**

篮球比赛中，远距离投篮命中可以得三分。

语句理解

1. **还真没看出来**

“没看出来”表示发现了过去没有注意到的事情，有时有讽刺意味。比如：

（1）甲：我这件衣服花了两千多块呢。

乙：是吗？还真没看出来。

（2）甲：我可会做中国菜了。

乙：真没看出来，我以为你只会煮方便面呢。

2. **别看是第四，破了我们大学的校纪录**

“别看”的意思是不要从表面上或习惯认识上判断，后面多指出别人想不到的地方。比如：

（1）甲：他那么瘦小，干活儿行吗？

乙：别看他个子不高，可挺有劲儿的。

（2）甲：外面下雪了，肯定冷得要命，多穿点儿吧。

乙：别看下那么大的雪，其实不怎么冷。

3. **我说什么来着**

意思是“我没说错吧”，带有得意的语气。比如：

（1）甲：这种瓜特别难吃。

乙：我说什么来着？我不让你买，你非要买。

（2）甲：老师说圣诞节不放假。

乙：我说什么来着？我说不放，你还不信。

4. 要我说呀

"要我说呀"是说出自己的观点或看法。比如：

（1）甲：他最近老说要请我吃饭，你说为什么呢？
　　乙：要我说呀，他肯定是有事要求你帮忙。

（2）甲：她妈妈为什么不愿意我和她来往呢？
　　乙：要我说呀，她妈妈是嫌你家穷吧。

练　习

一　朗读下面几组句子，并比较带点词语的不同意思和用法：

1. 还真没看出来。
   把书拿出来。

2. 别看是第四，破了我们大学的校纪录。
   别看电视了，做作业吧。

3. 我虽然常看球，可并不懂球，就是图个热闹。
   一看图就知道博物馆在哪儿了。

4. 那球进得真漂亮！
   你的手机真漂亮！

5. 都怪裁判。对方好几次犯规，把我手都打肿了，裁判一次也没吹。
   这个人真怪，他说要买，怎么又不买了？

二　词语扩展练习：

下面是课文中出现的足球比赛中常用的动词，请说出可以与它们搭配的词语，然后试着把它们扩展成句：

踢　　射　　带　　赢　　输　　进

三　请说出五到十个与足球比赛有关的术语。

四 完成下面的对话，然后用上带点的词语做模仿会话练习：

1. 甲：为什么好几天见不到小张了呢？
   乙：你还不知道吧，______________________________。

2. 甲：你知道吗？新来的同学以前当过电视台的主持人。
   乙：真没看出来，______________________________。

3. 甲：这么小的个子也能打篮球？
   乙：人不可貌相，______________________________。

4. 甲：他来这里时间不长，对这里很不了解吧？
   乙：别看______________________________。

5. 甲：大家是不是都觉得我很笨？
   乙：你别多心，______________________________。

6. 甲：糟了，我把词典忘在教室了。
   乙：看你，______________________________。

7. 甲：他和他的妻子离婚了。
   乙：我说什么来着？______________________________。

8. 甲：我不想参加他们的晚会，可又不好意思跟他们说。
   乙：要我说呀，______________________________。

五 根据课文，用上所给的词语回答下面的问题：

1. 说说山本在体育运动中取得的成绩。
   运动会　马拉松　破纪录　拿冠军

2. 安娜为什么喜欢看足球？
   图　热闹　球场　冲锋陷阵

3. 山本是怎样分析金狮和猛虎两队的比赛的？
   国家队　赢　主场　球迷　支持　难说

4. 说说安娜看比赛时的表现。

喊　加油　嗓门儿　尖　啦啦队

5. 大卫他们为什么会输球？

运气　投　准　裁判　犯规　吹　怨

六 请你说说：

1. 为什么世界上那么多人喜爱足球运动？
2. 什么样的人可以称为“铁杆儿球迷”？
3. 你怎样看球场“追星族”？
4. 怎样对待球场上裁判的误判（wùpàn）？

七 根据所给的话题，选用下面的词语进行对话：

谈论一次看比赛的经历。

输	了不得	棒	运气	名不虚传	可惜
赢	支持	怨	拿	冠军	难说

八 成段表达：

足球在许多国家被当作“国球”。谈谈你们国家的“国球”或最受欢迎的体育运动。

补充材料

朗读下面的对话或短文：

足球趣闻五则

一

妻子：　你只关心足球比赛，一点儿也不关心我。

丈夫：　我怎么不关心你了？连我们的结婚纪念日我都记得清清楚楚呢。

妻子：　那你说，我们是什么时候结婚的？

丈夫：　这你难不倒我，是在意大利队和巴西队争夺冠军的那场球赛看完之后。

二

医生问病人：“你说你晚上做很多梦，都梦见什么了？”

“足球赛，我总是梦见自己是守门员。”病人答道。

“只是梦见足球赛？没梦见别的什么吗？”

“没有，只是足球。”

“你连你的女朋友都没梦见过吗？”

病人微笑着摇摇头说：“那怎么行呢？我要是一分心，对方就会进球的。”

三

甲：　你喜欢看足球赛吗？

乙：　那当然。

甲：　太好了！今晚电视里有足球转播，你可一定到我家来看哪。

乙：　为什么？

甲：　为了多一票呗。我和我爸喜欢看足球，我妈和我姐不爱看。我妈说了，今晚看什么节目得举手表决。你要是能来，我们想看球的不就多了一票吗？

乙：　太遗憾了！我们家看电视也是举手表决。我一走，我爸就剩下一票，他又看不成了。

甲：　这……

四

妈妈：别看了，快吃饭吧！

儿子：等会儿，进一个球就吃。

（一小时后，足球比赛结束了）

妈妈：这回该吃了吧？

儿子：不能吃了。

妈妈：为什么？

儿子：一个球也没进。

五

足球比赛只剩一分钟就要结束了，一位观众跑上看台，气喘吁吁（qìchuǎn xūxū）地问身边的人：“进球了吗？比分是多少？”身边的人回答说：“零比零。”这位观众深深出了一口气，高兴地说：“太好了！一点儿也没耽误。”

第七课　每个人有每个人的爱好

热身话题

1. 你们国家有没有学习外语或某些技能的辅导学校或者活动中心？叫什么名字？人们去那里学习什么？
2. 你在中国每天怎样安排晚间的业余生活？在国内的时候呢？

（大卫在一所辅导学校教英语。有一天，他不舒服，请玛丽代课。课间的时候，玛丽和辅导学校的学生聊起天来）

玛　丽：　除了到这儿来上课，你们业余时间都干些什么呢？

学生一：　我们这些人，工作不一样，岁数不一样，兴趣当然也不一样，每个人有每个人的爱好。我在一家公司上班，平时工作很紧张，下了班也有很多事要做，所以我的生活词典里没有“业余”，基本上都在加班中度过啦。

学生二：　我也在公司工作，上班也很累，不过不需要常常加班，所以下班没什么事我就想找个地方放松放松，或者发泄一下。我最喜欢跟朋友到歌厅唱歌，或者去舞厅跳舞。在那儿可以忘掉所有的烦恼，甚至忘了自己。晚上回家睡觉特别香，第二天上班精神也好。不过我太太不愿意我常去，非说那儿不是正经人去的地方，跟我吵了好多次了。

学生三：我的业余生活差不多都给了孩子了。现在社会竞争激烈，孩子的压力也大。除了在学校上课，我还给他报了几个课外辅导班。所以每天一下班我就得去接他，晚上得做点儿好吃的给他补补身体。如果辅导班的上课时间在晚上，我还得陪读。回家得督促他写作业，督促他少玩儿电脑，督促他早点儿睡觉。

学生四：我没有孩子，可是我有两只狗。我要带它们散步，要给它们洗澡，要跟它们玩儿。它们生了病，还要带它们去医院。除了狗，我还有十几条鱼和一阳台的花。养它们可不比养孩子轻松。

学生五：我看到很多岁数大的人都比较喜欢安静，晚上不怎么出去，也就是在家里看看电视、看看书。像我爸爸，就喜欢跟老朋友下棋。我家的邻居，天天晚上有几位老人在一起打麻将。

玛　丽：常听人说中国人喜欢打麻将，我还真想学学。难学吗？

学生六：那要看你怎么玩儿。有简单的玩儿法，一学就会。也有比较复杂的玩儿法，那可不是一时半会儿能学会的。

玛　丽：有空儿你们教教我，行吗？

学生六：没问题。

学生七：我这个人，好静不好动。我不爱逛商场，也不爱出去跟朋友聚会，没事的时候就喜欢看书，一看就是几个小时。以前朋友说我太不爱交际了。现在有了微信，跟朋友交流一下看书的想法，有好书也互相推荐，感觉生活圈子比以前大了好多。

学生八：都说“萝卜白菜，各有所爱”。我跟她正好相反，我常常约朋友一起出去打球。现在工作紧张，运动又少，时间长了身体就完了。我觉得运动是最好的休息。

学生九：对啊，现在社会发展快，人们的压力大，一定得注意调养身体，可别老坐着上网聊天儿、打游戏。我有好多朋友参加各种各样的俱乐部、训练班什么的，比如茶道、舞蹈、瑜伽。还有人学煮咖啡、做蛋糕。

总而言之，学什么的都有。这样又可以了解一些知识，又可以学习一些技能，更主要的是放松一下心情，减轻工作和生活的压力。

玛　丽：说得对。我正在想要不要也参加个气功班呢……哎哟，对不起，已经过了上课的时间了，咱们上课吧。

词　语

1	代课	dài kè		to take over a class for an absent
2	业余	yèyú	（形）	spare time
3	基本上	jīběnshàng	（副）	mainly, basically
4	加班	jiā bān		work overtime
5	度过	dùguò	（动）	to spend (of time)
6	放松	fàngsōng	（动）	relax
7	发泄	fāxiè	（动）	to vent
8	烦恼	fánnǎo	（形）	worry, trouble
9	甚至	shènzhì	（连）	even
10	非	fēi	（副）	must
11	正经	zhèngjǐng	（形）	decent
12	吵	chǎo	（动）	to argue, to quarrel
13	激烈	jīliè	（形）	fierce
14	压力	yālì	（名）	pressure
15	报	bào	（动）	to reply, to register
16	接	jiē	（动）	to meet sb. at airport, etc.
17	补	bǔ	（动）	to supplement nutrition
18	陪读	péidú	（动）	to accompany studying
19	督促	dūcù	（动）	to urge, to push forward
20	下棋	xià qí		to play chess
21	麻将	májiàng	（名）	mahjong
22	复杂	fùzá	（形）	complicated
23	一时半会儿	yì shí bàn huìr		a short time
24	好	hào	（动）	to like, to be fond of
25	交际	jiāojì	（动）	to have social interaction
26	圈子	quānzi	（名）	circle, community

27	正好	zhènghǎo	（副）	just right, happen to
28	调养	tiáoyǎng	（动）	to be nursed back to health
29	俱乐部	jùlèbù	（名）	club
30	训练	xùnliàn	（动）	to train; training
31	瑜伽	yújiā	（名）	yoga
32	总而言之	zǒng'éryánzhī		in a word
33	技能	jìnéng	（名）	skill
34	减轻	jiǎnqīng	（动）	to lighten, to ease

注释

萝卜（luóbo）白菜，各有所爱

指人的爱好各有不同。

语句理解

1. 晚上不怎么出去，也就是在家里看看电视

“不怎么……，也就是……”表示很少或者程度不高，后面多以实例说明。比如：

（1）他平时不怎么喝酒，一次也就是一两听啤酒。

（2）这儿的冬天不怎么冷，也就是零下七八度。

2. 那要看你怎么玩儿

“那要看你……”指出事情的结果要看对方的意愿，后面常有是非问句或带疑问词的句子。比如：

（1）甲：在中国买个手机得多少钱？

乙：那要看你买什么样的。

（2）甲：买新车好还是买二手车好？

乙：那要看你有没有钱了，钱不多的话就买辆二手车吧。

3. 一看就是几个小时

"一……就是……"强调时间长或者数量多，"就是"后面是表示数量多的词语。比如：

（1）他可喜欢爬山了，常常一爬就是一整天。

（2）小王喜欢买书，一买就是好几本。

练　习

一　用正确的语调朗读下面的句子，并说说自己对这些话的理解或感受：

1. 每个人有每个人的爱好。
2. 没什么事我就想找个地方放松放松，或者发泄一下。
3. 在那儿可以忘掉所有的烦恼，甚至忘了自己。
4. 萝卜白菜，各有所爱。
5. 运动是最好的休息。
6. 更主要的是放松一下心情，减轻工作和生活的压力。

二　分别选择模仿某一学生的口吻，用上所给的词语叙述他的业余生活：

学生一：紧张	基本上	加班				
学生二：放松	发泄	烦恼	精神	吵		
学生三：竞争	压力	报	接	补	陪	督促
学生四：散步	洗澡	玩儿	生病			
学生七：好（hào）	交际	微信	圈子			

三　用指定的词语完成下面的对话，然后用它做模仿会话练习：

1. 甲：温泉里的水热吗？
   乙：（不怎么……，也就是……）

2. 甲：去上海旅游带五千块钱够吗？
   乙：（那要看你……）

3. 甲：他什么时候回来？
   乙：（一时半会儿……）

4. 甲：你喜欢吃香蕉？

乙：（一……就是……）

四 根据课文，用上所给的词语回答下面的问题：

1. 年岁大的中国人一般做什么？

安静　电视　下棋　麻将

2. 现代社会有什么问题？有些人是怎么做的？

发展　压力　调整　参加　知识　技能　减轻

五 大家谈：

1. 年轻人常去交际场所的利弊。
2. 为什么有人会把歌厅或者舞厅看成“不是正经人去的地方”？
3. 什么人晚上去娱乐场所会受到家人的反对？
4. 为了将来的工作和生活，年轻人有必要学习哪些技能？

六 你赞成下面的看法吗？

1. 人生只有一次，应该拼命向上，有多少能量发多少光。
2. 生活是美好的，应该放慢脚步，尽情地享受生活。
3. 父母所做的一切都应该为孩子着想。

七 社会调查：

了解你居住的城市有哪些娱乐场所，那里的消费水平怎么样，去那里的主要是什么人，回来在班里汇报。

第八课 电视再多，你也只有一双眼睛

热身话题

1. 你喜欢看电视吗？最喜欢看哪一类电视节目？你家里人呢？
2. 你在中国常看电视吗？喜欢看哪些频道的哪些节目？

（这天晚上，山本到陈教授家请教一些关于考研究生的问题。谈完后，陈教授邀请他到客厅和家里人一起聊天儿。陈教授的夫人、儿子、儿媳和小孙女正在客厅里看电视……）

山　本：（问小孙女）小朋友，你在看什么哪？

小孙女：《大闹天宫》，是孙悟空的故事，特棒！

儿　子：（有点儿不耐烦地）我们都知道“特棒”。可是这个动画片儿你至少看过二十遍了，咱们换个频道，好吗？

小孙女：不，我偏要看。

师　母：孩子要看，你就让她看嘛。总比看那些外星人宇宙战争好。这片子虽说老了点儿，可对孩子有教育意义，哪像现在有些片子，看着怪吓人的。

山　本：　我小的时候也特别爱看动画片儿，一看起来就没够。日本的孩子也都知道孙悟空，还有那个胖胖的、长得很可笑的——

小孙女：　猪八戒。

山　本：　对，我就是从那时候开始对中国文化产生兴趣的。

师　母：　（对儿子）你听听，我说什么来着？这是中国传统文化。你老说："过时了，过时了。"可你看，这片子在外国都有那么大的影响，比那"星球大战"可强多了。

儿　子：　妈，您又来了。"星球大战"这样的动画片儿也有它的特点，至少能培养孩子的想象力呀。

师　母：　我看光让孩子学会怎么"统治宇宙"了。还有那些电视剧，老是些谈恋爱的镜头。你亲我、我吻你的，把孩子们都教坏了。要不就是内容太暴力，让人看了晚上直做噩梦。

儿　媳：　（笑）您说的都不是给孩子看的节目，现在少儿频道的节目就很不错嘛。

山　本：　师母，您最喜欢看什么电视节目哇？

小孙女：　我奶奶最喜欢看天气预报。

师　母：　这孩子！天气预报当然要看了。不过，我呀，最喜欢看电视剧。还有，现在我退休在家，一天到晚挺闷得慌的，看看新闻，也能了解了解国内外的大事。除此之外，电视晚会啦，老电影啦，我都挺喜欢看的。有时也看看专题节目，比如讲养生保健的。

儿　子：　别看我妈老说现在的电视剧不好，可看起来还是一集不落。

师　母：　你呢，一有足球比赛，不也老是半宿半宿地看吗？

陈教授：　你们两个呀，谁也别说谁，都够呛。（众笑）

山　本：　现在的电视频道多吗？

儿　媳：　可多了。光中央台就十几个呢，地方台就更多了。再加上有线电视，有 200 多个频道了，哪看得过来呀？

小孙女：　爷爷，咱们家再买两个电视吧。

陈教授：　买，买！电视再多，你也只有一双眼睛，总不能一只眼睛看这个台、一只眼睛看那个台吧？

小孙女：　孙悟空就能。

师　母：　那就让孙悟空给你买吧。（对山本）电视频道多了也麻烦。过去虽说就那么十几个台，可大家一起看，谁也不吵架。现在可好，频道多了，你要看动画片儿，他要看体育比赛，整天为这个吵吵嚷嚷的。

陈教授：　所以说，频道多点儿少点儿关系不大，还是要看节目质量。前些天演的那部电视剧，叫什么来着？——挺感人的那个——不是有很多家庭老老小小围坐在一起看吗？可惜像那样的好节目还不多。

儿　媳：　我看电视里很多专题节目挺不错的，像“生活中的科学”“历史发现”“百姓财经”什么的，看了真让人长知识。

师　母：　瞧，动画片儿演完了。哎呀，又是广告，真没意思！

儿　子：　转体育频道！

儿　媳：　戏曲频道有晚会，六频道有电视剧。

陈教授：　（对山本，无可奈何地）没办法，又打起来了。（对大家）今晚咱们有客人，所以大家都别争，让客人说了算，好不好？

全　家：　好！

山　本：　真让我决定啊？不好意思。这个……等一会儿有一场足球比赛，现在离比赛开始还有五分钟，如果大家都愿意看的话……

词　语

1	邀请	yāoqǐng	（动）	to invite
2	儿媳	érxí	（名）	daughter-in-law
3	孙女	sūnnü	（名）	granddaughter
4	特	tè	（副）	very
5	棒	bàng	（形）	great, excellent
6	耐烦	nàifán	（形）	patient
7	动画片儿	dònghuàpiānr	（名）	cartoon
8	频道	píndào	（名）	(TV) channel
9	偏	piān	（副）	*indicating strong opposition*
10	外星人	wàixīngrén	（名）	extraterrestrial, alien
11	宇宙	yǔzhòu	（名）	universe

12	战争	zhànzhēng	（名）	war
13	片子	piānzi	（名）	movie, film
14	怪……的	guài……de		quite
15	产生	chǎnshēng	（动）	to produce
16	过时	guò shí		out-of-date
17	星球大战	xīngqiú dàzhàn		star wars
18	培养	péiyǎng	（动）	to nurture, to foster
19	统治	tǒngzhì	（动）	to rule
20	吻	wěn	（动）	to kiss
21	暴力	bàolì	（名）	violence
22	噩梦	èmèng	（名）	nightmare
23	专题	zhuāntí	（名）	special subject or topic
24	养生保健	yǎngshēng bǎojiàn		health care
25	落	là	（动）	to forget, to leave out
26	宿	xiǔ	（量）	*measure word for night*
27	够呛	gòuqiàng	（形）	terrible
28	有线电视	yǒuxiàn diànshì		cable TV
29	吵吵嚷嚷	chǎochǎorǎngrǎng	（动）	to quarrel
30	感人	gǎnrén	（形）	moving
31	发现	fāxiàn	（动）	discovery; to discover
32	财经	cáijīng	（名）	finance and economics
33	广告	guǎnggào	（名）	advertisement
34	戏曲	xìqǔ	（名）	traditional opera
35	无可奈何	wúkě nàihé		to have no alternative, to have no other way

注 释

1. 《大闹天宫》

中国古代著名小说《西游记》中的一段故事，写孙悟空因不服从命运的安排而大闹天宫，歌颂了孙悟空的反抗精神。后被排成戏剧和电影。

2. 孙悟（wù）空

《西游记》中的主要人物，是个具有反抗精神、勇于同妖魔鬼怪作斗争的英雄人物。

3. **猪八戒（jiè）**

《西游记》中的主要人物，是个好吃懒做、贪恋女色、喜欢挑拨、爱占便宜、让人觉得可气又可笑的喜剧人物。

语句理解

1. **您又来了**

“又来了”是又一次听到不喜欢听的话时的埋怨语。比如：

（1）甲：我再抽最后一支，以后我再也不抽烟了。

乙：又来了，这种话你已经说过二十遍了。

（2）甲：只有好好学习才能考上好大学，考上好大学才有好工作。

乙：您又来了。学习很重要，我还不知道吗？

2. **哪看得过来呀**

“……得过来”表示有能力周到地完成，常涉及时间、空间、数量等。比如：

（1）甲：这么多活儿，你一个人忙得过来吗？

乙：我可忙不过来，得找人帮忙。

（2）甲：这儿的选修课我都想听。

乙：啊？选修课有十几门呢，你哪听得过来呀？

3. **现在可好**

“……可好”用于比较句，表示相比之下，情况不如过去或他人。比如：

（1）以前他的身体可棒了。现在可好，常常生病。

（2）别人都安安静静地看书。他可好，老走来走去的。

4. **说了算**

表示可以做主，掌握决定权。比如：

（1）甲：你们家的事谁说了算？

乙：小事我不管，大事还是我说了算。

（2）甲：谁是这里的负责人？

乙：你找老张吧，我们这儿的事都是他说了算。

练　习

一 朗读下面两组句子，并比较带点词语的不同意思和用法：

1. 天阴得厉害，看起来要下雨了。
   我妈老说现在的电视剧不好，可看起来还是一集不落。

2. 这么宽的河，他哪跳得过来呀？
   现在的电视频道可多了，哪看得过来呀？

二 用指定的词语完成下面的对话，然后用它做模仿会话练习：

1. 甲：你不是说你不喝酒吗？
   乙：________________________________。（偏）

2. 甲：大冷天的，出去玩儿没意思。
   乙：________________________________。（总比……好）

3. 甲：你哪儿不舒服？
   乙：________________________________。（怪……的）

4. 甲：就是没钱吃饭，也不能去那样的地方打工。
   乙：________________________________（总不能……吧）

5. 甲：这种事情你还决定不了吗？
   乙：________________________________。（说了算）

三 朗读下面的两组句子，体会画线部分词语的意思，并模仿会话：

1. ① 妈妈：你都快三十了，该找对象了。
   女儿：您又来了。我现在不想结婚。

   ② 丈夫：听人说，适当地喝点儿酒对身体有好处。
   妻子：又来了。你不是说再也不喝酒了吗？

2. ① 他刚来的时候挺用功的。现在可好，经常旷（kuàng）课。
   ② 大家都在复习。他可好，一个人在宿舍睡大觉。
   ③ 上课应该穿戴整齐。你们可好，穿着背心、拖鞋（tuōxié）就来了。

四　回答下列问题，用上下面句子中画线部分的词语：

1. 当别人邀请你跳舞而你又不想跳的时候，你会怎么表示？
2. 如果一个售货员对你的提问表示不耐烦，你会怎么做？
3. 谈谈你认为已经过时的一种衣服、一种想法、一种行为等等。
4. 当你感到闷得慌的时候，你常做些什么？
5. 谈谈你生活中遇到的一件感人的事。

五　根据课文回答下面的问题：

1. 师母与儿子在对待动画片儿的看法上有什么不同？
2. 师母喜欢看什么电视节目？为什么喜欢看这些节目？
3. 在陈教授家可以看到哪些电视台的节目？
4. 山本最喜欢看的电视节目是什么？从什么地方可以看出来？

六　请你说说：

1. 你们国家最受欢迎的电视节目。
2. 现在你们国家最受欢迎的动画片儿。
3. 在你们国家，电视广告多不多？你对它感兴趣吗？为什么？
4. 你喜不喜欢看几十年前的老电影？为什么？

七　就以下辩题进行辩论：

互联网时代，电视没有存在的必要了。

补充材料

朗读下面的短文：

谁也别说谁

晚饭后，夫妇二人坐在客厅里看电视连续剧。妻子被剧中情节感动，不停地用手绢擦眼泪，有几次竟哭出声来。丈夫实在忍受不下去了，不耐烦地对妻子说："你知道不知道？那是演员在演戏！又不是真事，值得你为他们流眼泪吗？"

妻子反击说："你还说我哪？你不也一样吗？你看足球的时候，大喊大叫，人家进了球，你乐得什么似的。人家也不认识你，值得你为他们欣喜若狂吗？"

"得，咱谁也别说谁了。"

口语知识（二）

1 汉语的重音

我们一般说的重音是指朗读或者说话时读或说得比较重的音节或词语。很多外国人把重音理解为说得响一点儿、声音大一点儿、用力一点儿，结果常常是因此而走调，比如把阴平（一声）、阳平（二声）读成去声（四声）等等。其实，汉语的重音应该是说得长一点儿、宽一点儿（时间长一点儿、音程大一点儿），也就是使低的更低、高的更高。

汉语的重音分为词重音和句重音两大类。

（1）词重音

汉语词重音表现在词的某个音节可分重、中、轻三个等级。轻音就是普通话的轻声，一般读得较短，有些轻声词具有区分词义的作用〔参见本书“口语知识（一）”〕。与轻音相对的就是重音。在无轻声音节的词语中，又可分为重音和中重音。单独念无轻声的双音节词时，往往是后一个音节重读，前一个音节中读，组成“中重”型。比如：

手套　铁路　自尊　提高

普通话非轻声三音节词常读作“中轻重”型。比如：

博物馆　打字机　教学法　语言学

这在朗读生词时非常明显。

（2）句重音

一句话里重读的某个音节或词语叫作句重音。句重音和词重音是有区别的。在汉语的句子中，哪些音节或词语该读重音，要看句子的组织和它们在句中的地位。不同的句重音能变换句子的意思。

汉语的句重音可以分为语法重音、强调重音、节奏重音等。

1）语法重音

语法重音是因为句法结构或语义表达上的需要而产生的重读现象。分为句法重音和语义重音两类。

① 句法重音

句法重音不是为了表示什么特殊感情，只是为了表达某种句法结构，一般来说有以下的规律：

A. 句子，尤其是短句中的谓语中心词常常重读。比如：

春天来了，大地苏醒了。

B. 动词、形容词前面的状语性修饰语往往重读。比如：

这儿的风景真美。

C. 程度补语一般重读。比如：

钱都被她花光了。

同一句子如果重音不同，表达的句法结构也就不同。比如：

你们干得好。（重音在补语“好”上，程度补语）
你们干得好。（重音在谓语中心词“干”上，可能补语）

②语义重音

语义重音是指进入句法结构之后，由于轻重音的不同而表示不同语义的词，所以，语义重音具有区别意义的功能。我们举以下几个例子来看：

你做什么饭呀？

在这个句子里，疑问代词“什么”重读表示特指，意思是了解对方想做什么饭；轻读则表示任指，意思是告诉对方用不着做饭。

你怎么去他家？

在这个句子里，疑问代词“怎么”重读是询问方式，意思是了解对方是走着去呢，还是搭乘某一种交通工具去；轻读则是问原因，意思是对对方去他家表示不满或不理解。

他跳过一米五十。

在这个句子里，“过”重读是动词，表示动作的结果，意思是已经征服了一米五十这一高度；轻读则是动态助词，表示曾经有过征服一米五十的经历。

你帮我买两个包子来。

在这个句子里，“两”重读表实指，即只买两个；轻读表虚指，即买一些。

你再去一趟小卖部吧。

在这个句子里，“再”重读表示“去小卖部”这一行为的重复；轻读则表示先去过别的地方，现在再到小卖部去一趟。

她呀，把咱家的玻璃都擦了。

在这个句子里，“都”重读，是范围副词，表示所有的玻璃她都擦了；轻读则表示强调，表示本来不该她做的事她也做了。

2）强调重音

也叫表意重音，主要是用来强调特别重要的词语而特意加强的音节，往往是表意的焦点。强调重音不像语法重音那样固定，是随着主题和语境的需要而变化的。同一句话，语境不同或主题不同，可用不同的强调重音表达不同的意义。比如：

我明白你的意思。（别人也许不明白，但是我明白）
我明白你的意思。（不要认为我不明白）
我明白你的意思。（别人的意思我不明白，但是你的意思我明白）
我明白你的意思。（你所表示的内容，我很清楚）

在朗读文章的时候，有时先要理解文章的内容，才能找准强调重音。重音找错了，有时意思也就表达错了。

3）节奏重音

指语流中为了加强节奏感而产生的重音，不起表意作用，多用于朗读有韵律的歌谣等。比如：

小白兔，白又白，两只耳朵竖起来。
爱吃萝卜爱吃菜，蹦蹦跳跳真可爱。

需要注意的是，汉语朗读时的重音与非重音是相对而言的。重音的表达方式也是多样的，复杂的。特别是在朗读人物的会话时，需要准确掌握人物语言的感情色彩，才能找准语句的重音，使你的朗读抑扬顿挫，恰到好处。

2 趋向补语的重音

趋向补语是指由趋向词充任的补语。趋向补语一般分为简单趋向补语和复合趋向补语两大类。常用的简单趋向补语包括“来、去、上、下、进、出、回、过、起、开、到”等等。复合趋向补语包括“上来、上去、下来、下去、进来、进去、出来、出去、回来、回去、过来、过去、起来、开来、开去、到……来、到……去”等等。

趋向补语是汉语中一种复杂的语法现象，发音也比较难以掌握。举例来说，“起来”用在动词、形容词后做补语如“抬起来”“胖起来”时，“起来”两个字都要轻读；但是在动词与“起来”之间插入“得、不”变成“抬得起来”“胖不起来”时，“起来”两个字就要重读；而当“起来”之间再加上宾语，如“抬不起头来”时，“起”字重读，“来”字则轻读。

总结趋向补语的发音规律，主要有以下几个方面：

（1）动词及形容词后面加趋向补语，动词或形容词重读，趋向补语轻读：

① 把帽子拿来（lai）。
② 把手放下（xia）。
③ 赶快把信送去（qu）。
④ 汽车开过来（guolai）了。

⑤ 没有公共汽车了，他们只好走回去（huiqu）。
⑥ 这么高的山，我们能不能爬上去（shangqu）？
⑦ 你敢不敢跳下来（xialai）？
⑧ 天气一天天暖和起来（qilai）。

少数简单趋向补语用在句尾时不轻读：

① 这是从哪儿说起（qǐ）呀？
② 股票行情看好，赶快买进（jìn）！
③ 这事我早就想开（kāi）了。

（2）动词后面加趋向补语又带宾语，趋向补语、动词和宾语的发音各有不同。有以下几种情况：

1）动词加趋向补语再加上宾语，一般趋向补语轻读，宾语重读：

① 戴上（shang）口罩。
② 脱下（xia）袜子。
③ 从外面走进来（jinlai）几个人。
④ 妈妈买回来（huilai）很多好吃的东西。

宾语是代词时，趋向补语轻读，而动词重读：

① 你是不是看上（shang）他了？
② 我妈妈常常提起（qi）你。

2）当宾语插入趋向补语之间时，趋向补语的发音前重后轻，宾语重读：

① 同学们一个一个走进（jìn）教室去（qu）。
② 我突然想起（qǐ）我的母校来（lai）。
③ 请把这些书送到（dào）图书馆去（qu）。

3）当宾语插入动词与趋向补语之间时，趋向补语轻读，宾语重读：

① 我买菜去（qu）。
② 工人送奶来（lai）了。
③ 过年了，你该给家里寄点儿钱回去（huiqu）。

（3）动词和趋向补语之间加“得”时，有以下两种读法：

1）当对动作加以强调时，动词重读，趋向补语轻读：

① 这么晚了，你回得去（qu）吗？

② 不就是一百块钱吗？我还拿得出来（chulai）。

③ 山不算高，我爬得上去（shangqu）。

2）当对动作的结果加以强调时，趋向补语重读，动词轻读：

① 这么多作业，你写得过来（guòlái）吗？

② 多难吃呀，我真不相信你吃得下去（xiàqù）。

（4）动词和趋向补语之间加“不”时，趋向补语重读：

① 太早了，我可起不来（lái）。

② 洞口很小，谁都钻不进去（jìnqù）。

③ 这道题的答案，我怎么也想不出来（chūlái）。

（5）在带有趋向补语的反复问句中，第一个动词重读，趋向补语轻读：

① 他明天回得来（lai）回不来（lai）？

② 这道题你答得上来（shanglai）答不上来（shanglai）？

（6）当动词加趋向补语被否定词“没”修饰时，也有不同的读法：

1）趋向补语重读，强调未能实现：

① 三个客人，一个都没请来（lái）。

② 想了半天，还是没想起来（qǐlái）。

2）只是客观陈述，无强调语气时，动词重读，趋向补语则轻读：

① 那个犯罪嫌疑人上次没抓来（lai），这次一定要把他抓到。

② 一次没跳过去（guoqu），就再跳一次。

练　习

一　正确朗读下面的词语，注意词语的重音：

安全　表达　超重　电脑　干脆　演讲　郊区　口罩
电视台　工艺品　计算机　历史系　明信片　普通话　电影院　圣诞节

二　朗读下面的句子，说出哪些词语应该重读：

1. 这个人你见过。

2. 天快亮了。

3. 他的儿子特别聪明。

4. 你怎么到处对别人说？

5. 孩子被你吓坏了。

6. 这件衣服比那件贵多了。

7. 甲：你想吃什么？

   乙：有什么吃什么吧。

8. 甲：你怎么啦？

   乙：没怎么。

9. 甲：你去买两瓶饮料吧。

   乙：就买两瓶？

10. 你怎么把面包都吃了？

三　朗读下面的儿歌，注意儿歌中的节奏重音。

弯弯的月儿小小的船，
小小的船儿两头尖。
我在这小小的船里坐，
只看见闪闪的星星蓝蓝的天。

四 朗读下面的句子，注意趋向补语的正确发音：

1. 苹果已经买来了。
2. 他从外面跑了进来。
3. 天气渐渐地热起来了。
4. 快穿上衣服。
5. 远处开过来一辆汽车。
6. 同学们高兴地唱起歌来。
7. 我们上街去。
8. 这么宽的河，你游得过来吗？
9. 你是运动员？真看不出来。
10. 你想得起来想不起来？
11. 这道题我没做出来。

口语常用语（二）

祝贺用语

在日常生活中，每逢节日或喜事，人们总会向亲朋好友表达他们的祝贺。这些祝辞经过长时间的使用，大部分已经形成了固定的表达方式。

（1）节日的祝贺

中国人最讲究的是过春节。春节到来的时候，人们总要互相祝福。比较传统的语言是：

① 恭喜恭喜！
② 恭贺新禧！
③ 恭喜发财！
④ 新春大吉！
⑤ 吉祥如意！

越来越多的人喜欢用现代祝福语言，简洁明了：

① 过年好！
② 新年好！
③ 新年快乐！
④ 祝你春节愉快！
⑤ 祝你万事如意！

春节前，许多单位的领导为感谢大家一年来的努力，会为大家举办联欢会。在会上，领导一般都要讲几句话，给大家拜年。这种讲话中往往使用一种比较正式的祝贺语言：

各位来宾、各位同事、各位朋友：

在这新春佳节到来之际，我代表我们公司的几位领导向全体员工及各位来宾致以节日的祝贺！向大家表示亲切的慰问！祝大家在新的一年里，身体健康，工作顺利，阖家欢乐，心想事成，万事如意！

让我们举起酒杯，为公司的发展，为大家的幸福，为每一个人的快乐，干杯！

（2）生日的祝贺

向别人祝贺生日，根据不同的对象有不同的祝贺语言，最常见的是下面这些祝词：

① 祝你生日快乐！（适用于所有人）

② 祝您福如东海、寿比南山！（适用于老人）

③ 祝您健康长寿！（适用于老人）

④ 祝你越活越年轻！（适用于成年人）

⑤ 祝你越长越漂亮！（适用于少女）

（3）婚礼上的祝贺

结婚是人生一件大事，人的一生也许只有一次。婚礼上的祝福就最为人们看重。对结婚新人的祝福，有很多不同的说法。比较正式的祝词有：

① 恭贺新婚！

② 恭喜你们喜结良缘！

③ 祝你们新婚快乐！

④ 祝贺你们的美满结合！

⑤ 有情人终成眷属！

⑥ 双喜临门！

在婚礼上，人们往往向新郎新娘表达自己对他们未来的美好祝愿：

① 祝你们夫妻恩爱、白头偕老！

② 希望你们早生贵子！

③ 祝你们的家庭幸福美满！

④ 祝新郎新娘生活甜甜蜜蜜、和和美美！

⑤ 愿你们互敬互爱，做一对模范夫妻！
⑥ 希望你们比翼齐飞，爱情事业双丰收！

在婚礼上，人们常常对新郎新娘给予赞美之词：

① 看他们郎才女貌，多般配呀！
② 新郎真有福气，找了个这么漂亮的姑娘。
③ 如今像新郎这样的好小伙子还真挺难找的。
④ 真是天作之合。
⑤ 多令人羡慕啊！
⑥ 要是我儿子能找这么一位姑娘该多好哇！

（4）事业上的祝贺

事业是人一生中的大事。当你刚刚走上工作岗位时，亲友们往往给你送来美好的祝愿，为你在事业上的成功加油。这方面的祝词有：

① 祝你工作顺利！
② 祝你前程远大，一帆风顺！
③ 祝你马到成功！
④ 祝你鹏程万里！
⑤ 祝你早日高升！
⑥ 祝你事业有成！

当你在事业上获得成功，你会得到亲友们进一步的祝贺：

① 祝贺你在事业上获得的成功！
② 祝贺你在研究方面取得了令人瞩目的进展！
③ 祝贺你晋升为部门主管！
④ 祝你更上一层楼！
⑤ 祝你取得更大的成绩！

（5）酒会上的祝酒词

在酒会上的祝词称为祝酒词，祝酒词的内容是由宴会的主题决定的。除了主题明确的宴会外，有些一般性的宴会或者朋友间的聚会，人们也要想出一些有意义的祝酒词来活跃宴会的气氛。比如：

① 来，为咱们合作愉快干杯！

② 为咱们的聚会干杯！

③ 祝咱们大家都平平安安地活着！

④ 祝你们都找一个好老婆！

第九课　早吃好，午吃饱，晚吃少

热身话题

1. 你每天都吃早饭吗？常在什么地方吃？
2. 你早饭一般吃什么？你喜欢吃什么样的早饭？
3. 你吃或不吃早饭的原因是什么？

（中午，在留学生食堂，玛丽、安娜、田中和大卫坐在一起吃饭）

田　中：　二位小姐，我怎么从来没有见过你们到这儿来吃早饭哪？

玛　丽：　早上那么早上课，哪有时间到这儿来吃早饭哪？我早饭一般在宿舍里吃，喝杯咖啡、吃片面包，就算一顿早饭。

安　娜：　我呢，更省事，根本就不吃。

田　中：　那你上课的时候不饿吗？

安　娜：　习惯了，也就不觉得饿了，“习惯成自然”嘛。实在不行，课间的时候，我们可以在小卖部买点儿吃的。

田　中：　你们老这样下去可怎么行呢？你们没有听说过这样一句话吗？说“人是铁，饭是钢，一顿不吃饿得慌”。我要是哪天没吃早饭，一上午都没精神。

安　娜：　你天天都吃，偶尔不吃，当然没精神。我根本就不吃，习惯了也就无所谓了。

田　中：　这可不是无所谓的事。我认为吃多吃少没关系，可是吃饭要定时，书上可都是这么说的。

大　卫：　我们的田中一到关键时刻，总会说："书上是这么说的。"真拿他没办法。因为他的影响，我这个过去不吃早饭的人，现在每天按时跟他到这儿来吃早饭。

田　中：　效果怎么样？

大　卫：　说句公道话，还真不错。现在上午上课比过去精神多了。

田　中：　怎么样？听我的话没错儿。

玛　丽：　我听说有的人早饭也像吃午饭似的，又是包子，又是粥，干吗那么复杂？

田　中：　这你就不懂了。按照科学的说法，早饭不但要吃，而且一定要吃好。中国有句俗话，这还是大卫教给我的，叫作"早吃好，午吃饱，晚吃少"。是这么说吧，大卫？

玛　丽：　在我们国家也有和这句意思差不多的俗话。这句话的道理谁都明白，可是真正按这句话去做的又有几个人呢？拿我家来说吧，早上大家都忙着去上班、上学，早饭也就随便吃点儿或者不吃。中午休息的时间很短，我们只能在食堂或者街上吃点儿快餐，像汉堡、三明治什么的。只有到了晚上，大家回到家里，一家人才能热热闹闹地吃顿饭。所以在我家，实际上是早吃少，午吃少，晚上吃得又多又好。

安　娜：　你说得太对了。我跟你只有一点不同，那就是：我不吃早饭。说实在的，我特别爱吃中国菜，吃起来没够。你们看，我来中国以后，比过去可胖多了。要是每天再加上一顿丰盛的早饭，我的减肥计划可就完全"破产"了。

田　中：　你是因为这个才不吃早饭的？告诉你：想减肥，不吃早饭可不是办法呀。早上不吃，中午饿了吃得更多。有专家研究后得出结论：不吃早饭的人，增加体重的可能性比吃早饭的人大得多呢。

安　娜：　是吗？不会吧？

大　卫：　田中说的我倒是相信。你想，睡了一宿，身体里面的营养消耗得差不多了，早上适当地补充营养还是必要的。要不然，到了中午，肯定饿得够呛。这时候大吃一顿，把两顿饭当一顿饭吃了，你的胃口不就更大了吗？至于晚上该不该少吃点儿，我想每个人的情况不一样。比如说，我这个人喜欢夜里看书，如果晚上吃得少，到了夜里就得再来一顿，不如晚上多吃点儿，吃饱点儿。

玛　丽：　我听说要想减肥得少吃多餐，每顿饭少吃点儿，每天多吃两顿。

大　卫：　安娜，你要是真想减肥呀，我告诉你一个最有效的办法。

安　娜：　什么办法？

大　卫：　每天下午我们练球的时候，你给我们捡球。捡球可是一项很好的"运动"，而运动是最好的减肥方法。

安　娜：　又开玩笑！捡球算什么运动？

词　语

1	省事	shěng shì		to save trouble
2	根本	gēnběn	（副）	(often use in the negative) completely
3	小卖部	xiǎomàibù	（名）	a small shop nearby a school, factory, theatre, etc. (selling cigarettes, confectionery, etc.)
4	铁	tiě	（名）	iron
5	钢	gāng	（名）	steel
6	精神	jīngshen	（名）	energy
7	偶尔	ǒu'ěr	（副）	occasionally
8	无所谓	wúsuǒwèi	（动）	care nothing
9	关键	guānjiàn	（名、形）	key, crux
10	时刻	shíkè	（名）	moment
11	按时	ànshí	（副）	on time
12	效果	xiàoguǒ	（名）	effect
13	公道	gōngdao	（形）	justice
14	粥	zhōu	（名）	porridge
15	汉堡	hànbǎo	（名）	hamburger

16	三明治	sānmíngzhì	（名）	sandwich
17	丰盛	fēngshèng	（形）	rich, sumptuous
18	破产	pò chǎn		to fall through
19	专家	zhuānjiā	（名）	expert, specialist
20	结论	jiélùn	（名）	conclusion
21	可能性	kěnéngxìng	（名）	possibility
22	营养	yíngyǎng	（名）	nutrition, nourishment
23	消耗	xiāohào	（动）	to consume
24	适当	shìdàng	（形）	proper
25	补充	bǔchōng	（动）	to replenish, to supplement
26	必要	bìyào	（形）	necessary
27	胃口	wèikǒu	（名）	appetite
28	餐	cān	（动）	to have a meal
29	有效	yǒuxiào	（动）	effective
30	捡	jiǎn	（动）	to pick up, to collect

注　释

1. **习惯成自然**

   本来感觉别扭的事情习惯之后就变成自然平常的了。

2. **人是铁，饭是钢**

   比喻人不吃饱饭就没有力气。

语句理解

1. **根本就不吃**

副词“根本”用于否定句时，表示完全或者自始至终。比如：

（1）张丽是谁？我根本不认识她。

（2）你不要冤枉我，我根本没说过这样的话。

2. 习惯了也就无所谓了

“无所谓”表示不在乎、没有关系。比如：

（1）今天去还是明天去，我都无所谓。

（2）大家都替他着急，可他好像什么都无所谓似的。

3. 说句公道话

表示自己说出的话不带有个人感情，是从公平的角度出发的。比如：

（1）今天的裁判罚了咱们队很多次，不过说句公道话，他罚得对。

（2）虽说他是咱们的老朋友，可是说句公道话，这件事他办得实在不怎么样。

4. 捡球算什么运动

“算什么……”表示够不上某一标准或称号。比如：

（1）甲：那不是你们学校的歌星吗？

乙：他算什么歌星呀？就会唱几首歌。

（2）大家都叫我书法家，其实我算什么书法家呀？随便写写。

练　习

一 朗读下面几组句子，并比较带点词语的不同意思和用法：

1. 你们老这样下去可怎么行呢？
   这儿的山路挺危险的，注意别摔下去。

2. 我现在上午上课比过去精神多了。
   她的男朋友长得可精神了。

3. 我听说有的人早饭也像吃午饭似的，又是包子，又是粥，干吗那么复杂？
   怎么又是你？你昨天不是来过了吗？

4. 不吃早饭可不是办法呀。
   今年夏天比去年热多了。——可不是嘛。

二 完成下面的对话，体会"根本"的意思和用法：

1. 甲：他说他是你的老同学。
   乙：不可能，我根本不＿＿＿＿＿＿＿＿＿＿＿＿＿＿＿。

2. 甲：那个同学说是你同意让他换班的。
   乙：我根本不＿＿＿＿＿＿＿＿＿＿＿＿＿＿＿＿＿＿。

3. 甲：请问，小王在吗？
   乙：你找错了吧？这里根本没＿＿＿＿＿＿＿＿＿＿＿＿。

4. 甲：今天你又喝多了吧？
   乙：今天我根本没＿＿＿＿＿＿＿＿＿＿＿＿＿＿＿＿。

三 体会带点词语的意思，并模仿进行对话：

1. 甲：我的肚子越来越疼了。
   乙：能不能坚持到天亮？实在不行，我送你去医院。

2. 甲：今天咱们吃点儿什么？
   乙：我无所谓，你随便点几个菜吧。

3. 甲：你觉得你们的老师怎么样？
   乙：虽然他有点儿厉害，可是说句公道话，他的水平挺高的。

4. 甲：作业写完了没有？
   乙：写得差不多了，再等五分钟吧。

5. 甲：你理想的工作是什么样的？
   乙：我只想找个喜欢的工作，至于工资多少，我无所谓。

6. 甲：你是这方面的专家呀。
   乙：我算什么专家呀？我只是对这个问题比较感兴趣。

四 根据课文，用所给的词语回答下面的问题：

1. 玛丽怎样解决她的早饭问题？
   宿舍　咖啡　面包

2. 安娜对吃早饭的态度是什么？

省事 习惯 小卖部 减肥

3. 田中怎样劝人吃早饭？

定时 定量 科学 俗话

4. 大卫对吃早饭问题是怎么看的？

过去 现在 补充 营养 必要

五 根据课文中所给的两句俗话（“人是铁，饭是钢，一顿不吃饿得慌”和“早吃好，午吃饱，晚吃少”），谈谈以下几个问题：

1. 谈谈你对这两句俗话的理解和看法。
2. 说出你知道的其他中国俗话。
3. 介绍你们国家在生活方面的俗话。

六 课堂讨论：

1. 少吃饭能不能减肥？
2. 怎样做才能有效地减肥？

七 选用所给的词语，就所给的俗话进行辩论：

你想	拿……来说吧
至于	你说得太对了
比如说	这可不是无所谓的事
我听说	……可不是办法呀
要不然	按照科学的说法
实际上	我跟你有一点不同
不会吧	有专家研究后得出结论
实在不行	这句话的道理谁都明白，可是……
说实在的	你们没有听说过这样一句话吗？
说句公道话	

参考辩论题目：

早睡早起身体好

第十课 穿上旗袍真是挺漂亮的

热身话题

1. 你在中国做过衣服吗？你见过旗袍吗？
2. 介绍一下你们国家具有民族特色的服装。

（玛丽早就想做一件旗袍了。这一天，她来到一家有名的服装店……）

店　员：　小姐，是想做件旗袍吧？

玛　丽：　你怎么猜得那么准呢？

店　员：　还用猜吗？来中国一趟，说什么也得做件旗袍带回去呀。很多像你这样的外国人都到我们这儿来做旗袍。你想做件什么样的？

玛　丽：　我也说不出什么样式，反正……反正就是做一件旗袍。

店　员：　那你跟我来吧。（带玛丽走到房间的另一边，那里挂着各种各样的旗袍）这些旗袍都是我们的样品，面料和样式都不一样，价钱也有高有低。你看，这是长袖的，那边的是短袖的；这几件是高档的，那边大部分是中低档的。不知你喜欢哪一种？

玛　丽：　我都看花眼了。你看我穿哪一种好？

店　员：　像你这样的身材，我看穿这种样式的比较合适，这是用一种新面料制成的，穿在身上有一种挺舒服的感觉，价钱也合适。

玛　丽：　那就听你的，做这样的吧。

店　员：　请到这边来，我给你量量尺寸。

（店员给玛丽量着尺寸，玛丽和店员聊了起来）

玛　丽：　你这儿的生意真不错啊，看来做旗袍的人还挺多嘛。

店　员：　是啊，谁不希望把自己打扮得漂亮一点儿呢？

玛　丽：　穿上旗袍真是挺漂亮的，可平时我怎么很少看到有人穿呢？

店　员：　旗袍算是比较正式的服装，一般人都是在参加晚会、婚礼或是宴会时才穿，显得庄重。穿着旗袍上街买菜、骑车、挤公共汽车，那多不方便哪，和环境也不协调哇。

玛　丽：　这倒是。

店　员：　穿高档衣服也得看场合。晚礼服漂亮，可要是一个人大白天的穿着在大街上走，别人准会怀疑她吃错了药。另外，穿着打扮要适合个人的身材、职业，挺胖的人穿着一条瘦牛仔裤，就把自己的短处全都暴露了；穿着比较暴露的衣服去公司上班，肯定会被老板“炒鱿鱼”。也有的人穿戴搭配得不合适：男的是西服下面一双运动鞋，女的是高跟鞋、健美裤一起穿，让人怎么看怎么不舒服。

玛　丽：　是这样。有时候我看一些姑娘在街上穿着很短、很薄的衣服，就是你们报纸上说的“短、透、露”，是让人觉得挺别扭的。

店　员：　穿什么服装还和礼貌有关。比如在一些公共场合，禁止衣冠不整的人进入；在中小学，要求学生穿统一的校服。该穿戴整齐的时候，就不能太随便了。

玛　丽：　是啊，我们那儿有的留学生穿衣服就太随便了，夏天穿着背心、拖鞋就上课来了。这在你们看来，也是对老师不尊重的表现吧？

店　员：　那当然，你看我们这儿的大学生有这样的吗？

玛　丽：　好像真没见过。

店　员：　和西方国家的人比起来，大多数中国人穿衣服还是比较保守的。

玛　丽：　这点我有体会。前几个月，我们在一个小城市旅行的时候，我和朋友去游泳馆游泳。因为我们穿的是比基尼泳装——就是你们说的“三点式”，很多人都看着我们。看他们好奇的样子，就像我们没穿衣服似的。

店　员：　现在很多大城市的人对这种泳装已经习以为常，不觉得奇怪了。不过，不少人还是有这样的想法：别人穿不穿我不管，反正我不让我的女儿穿。

玛　丽：　可以理解。不过年轻人倒是喜欢穿得与众不同，那才显得有个性。

店　员：　是啊，就说我们这个店吧，常有顾客拿着画报、杂志什么的来找我们，要求我们照上面的衣服样子做。有些样式别说做，我们连见都没见过。一般来说，我们都会满足他们的要求，但也有不愿做的。比如有的顾客让我们做乞丐穿的那种衣服，我们就没给他做。那种衣服穿在身上美吗？再说我们做了对我们店的声誉也会有影响。人家会说：还名牌服装店哪？这也叫衣服？怎么穿哪？

玛　丽：　你不知道，年轻人穿这种衣服，也是一种时髦呢。

词　语

1	样品	yàngpǐn	（名）	sample, showpiece
2	面料	miànliào	（名）	outside material (of clothes)
3	（高）档	(gāo)dàng	（名）	(high) grade
4	尺寸	chǐcùn	（名）	size
5	打扮	dǎban	（动、名）	to make up; way of dressing
6	宴会	yànhuì	（名）	banquet
7	庄重	zhuāngzhòng	（形）	dignified
8	协调	xiétiáo	（形）	harmonious
9	场合	chǎnghé	（名）	occasion, situation
10	晚礼服	wǎnlǐfú	（名）	evening suit (or dress)
11	怀疑	huáiyí	（动）	to doubt, to suspect
12	穿着	chuānzhuó	（名）	dress

13	牛仔裤	niúzǎikù	（名）	jeans
14	短处	duǎnchù	（名）	shortcoming
15	搭配	dāpèi	（动）	to match in color, style etc.
16	高跟鞋	gāogēnxié	（名）	high-heeled shoes
17	健美裤	jiànměikù	（名）	stretch pants
18	透	tòu	（形）	transparent
19	别扭	bièniu	（形）	uncomfortable
20	衣冠不整	yīguān bù zhěng		to be sloppily dressed
21	统一	tǒngyī	（形、动）	unified; to unite
22	校服	xiàofú	（名）	school uniform
23	背心	bèixīn	（名）	vest, sleeveless garmeat
24	拖鞋	tuōxié	（名）	slippers
25	比基尼	bǐjīní	（名）	bikini
26	泳装	yǒngzhuāng	（名）	swimming-suit
27	好奇	hàoqí	（形）	curious
28	与众不同	yǔ zhòng bù tóng		out of the ordinary
29	个性	gèxìng	（名）	personality
30	满足	mǎnzú	（动）	to satisfy
31	乞丐	qǐgài	（名）	beggar

注释

1. 旗袍（qípáo）

一种具有中国民族特色的服装，原为满族妇女所穿，后在汉族地区广泛流行。

2. 看花眼

可供挑选的东西太多，以至于分不出哪种好、哪种不好，也说“挑花眼”。

3. 吃错药

比喻精神不正常。

语句理解

1. 说什么也得做件旗袍带回去

“说什么也得……”表示无论如何也要做某事。比如：

（1）这次来中国虽然时间很紧，但说什么也得去看看老师。

（2）甲：我看你要的菜太多了吧？

乙：这都是这个饭馆儿的特色菜，你说什么也得尝尝。

2. 还名牌服装店哪

“还……哪”表示对方的言行与其身份或称号不相符，有讥讽意味。比如：

（1）甲：刚才做报告的听说是个专家。

乙：还专家哪，基本概念都没搞清楚。

（2）这么点儿忙都不想帮，还朋友哪。

3. 这也叫衣服

“这也叫……”表示名不副实，或没有达到一定的程度或数量。比如：

（1）这也叫图书馆？连这种工具书都没有。

（2）地上还没湿哪，这也叫下雨？

练　习

一　朗读下面几组句子，并比较带点词语的不同意思和用法：

1. 你看，这是长袖的，那边的是短袖的。
   你看我穿哪一种好？

2. 我都看花眼了。
   这几个电影我都看过了。

3. 穿着打扮要适合个人的身材、职业。
   挺胖的人穿着一条瘦牛仔裤，就把自己的短处全都暴露了。

4. 和西方国家的人比起来，大多数中国人穿衣服还是比较保守的。
   不少人还是有这样的想法：别人穿不穿我不管，反正我不让我的女儿穿。

二 替换画线部分的词语，然后各说一句完整的话或用于对话中：

1. 怎么看怎么不舒服。

   穿　　别扭
   装　　不像
   听　　不顺耳

2. 是让人觉得挺别扭的。

   难过
   生气
   不好意思

3. 别人穿不穿我不管，反正我不让我的女儿穿。

   洗不洗　　不想洗
   怎么想　　得这么做
   去哪儿　　要去南方

4. 那才显得有个性。

   年轻
   有学问
   与众不同

5. 这也叫衣服？怎么穿哪？

   苹果　一点儿苹果味儿都没有
   音乐　难听死了
   广场　还没有我们小区的停车场大呢

三 用指定的词语完成下面的对话，然后用它做模仿会话练习：

1. 甲：咱们是老朋友，你送什么礼呀？
   乙：可你帮了我这么大的忙，______________________。（说什么也得……）

2. 甲：这些都是国内外的名牌产品，你买哪一种？
   乙：____。（看花眼）

3. 甲：我觉得你吃这种药比较合适。

 乙：______________________________。（听你的）

4. 甲：现在上汉语水平考试（HSK）辅导班的可真多呀！

 乙：__________________________。（谁不希望……呢）

5. 甲：这个问题我说不清楚。

 乙：_____________，连这么简单的问题都回答不了？（还……哪）

四 根据课文回答下面的问题：

1. 为什么平时在街上看不到穿旗袍的？
2. 哪些人的穿戴让人看了觉得不舒服？
3. 谈谈穿戴与礼貌的关系。
4. 谈谈一些人在穿着方面的保守想法与做法。
5. 年轻人在穿着观念上与老年人有什么不同？

五 根据实际情况谈一谈：

人们在选购衣服的时候，常常会注意以下几个方面：

价钱的高低；

面料的好坏；

是否是名牌；

质量的好坏；

是否与众不同；

是否时髦；

是否合身；

是否适合自己的年龄、身材和职业；

……

也许还有很多。

请谈谈你买衣服的时候，比较注重的是哪些方面，并说说理由。

六　请你说说：

1. 下列服装适合在什么场合穿？不适合在什么场合穿？

2. 中小学生该不该穿统一做的校服？有什么好处或不利之处？

七　成段表达：

举例谈谈近几年你们国家服装的几种流行样式，并分析一下其中所反映的社会心态。

第十一课 漂亮不漂亮不是最重要的

热身话题

1. 你觉得漂亮是选择女朋友最重要的条件吗？为什么？
2. 对你来说，最理想的男（/女）朋友是什么样的？和理想的丈夫（/妻子）一样吗？

（一天，玛丽和大卫来到王峰的宿舍，见到王峰和他的同屋李阳……）

王　峰：　你们来了，快请进来吧！来，认识一下，这是我的同屋李阳，也是历史系的研究生。李阳，这就是玛丽和大卫。

李　阳：　你们好，欢迎欢迎！你们两个人的声音我在电话里都听到过，见面可还是第一次。

玛　丽：　老给你添麻烦，真不好意思。

李　阳：　你这是说到哪儿去了。我和王峰是好朋友嘛，再说，同学之间帮帮忙也是应该的。

王　峰：　请坐吧！我们的房间太小，没地方坐，就坐床上吧。

玛　丽：　你们房间住几个人哪？

王　峰：　三个人：我，李阳，还有一个经济系的研究生林志强。（对李阳）哎，林志强呢？

李　阳：　刚才他的女朋友来找他，两个人一起出去了。

王　峰：　对，今天是周末，是年轻人约会的“黄金时间”。

玛　丽：　王峰，你是不是也有约会？要是那样的话，我们……

王　峰：　你们坐着吧。我连女朋友都没有呢，跟谁约会呀？

玛　丽：　为什么你没有女朋友？你周围漂亮的女孩子有的是。

大　卫：　可能周围的女孩子他都看不上。

王　峰：　找女朋友也不能光看漂亮不漂亮啊。也许我这个人传统观念比较强，我要是找女朋友，先要看她的性格怎么样。我比较喜欢温柔的、善良的、贤惠的、能体贴丈夫的，漂亮不漂亮不是最重要的。

大　卫：　我跟你不一样，我希望我的女朋友是世界上最漂亮的姑娘。

李　阳：　说句心里话，要是真有一个漂亮姑娘喜欢上我，我也不敢娶她。你想，她那么漂亮，那么多人喜欢她，做她的丈夫，能没有危机感吗？

玛　丽：　你们的想法真有意思！李阳，你有女朋友吗？

王　峰：　他呀，早就有了。（对李阳）打算什么时候结婚？

李　阳：　毕业以后找到工作再说吧。（对玛丽）这是我们俩的合影。

玛　丽：　你的女朋友长得很好看。

王　峰：　我怎么没有见过这张相片？哟，俩人在一起够亲热的。

李　阳：　我觉得她长得一般，可是我们之间的感情很好，她很爱我。我想感情是婚姻的基础，夫妻没有感情，生活在一起有什么意思呢？

王　峰：　他的女朋友实习去了，要不大周末的，他不会一个人在这儿。

玛　丽：　真让人羡慕哇！你们这些大学生是不是很注重感情啊？

王　峰：　也不一定。有的人比较实际一些，特别是一些女孩子，她们把一生的希望都寄托在未来的丈夫身上，所以条件也就比较多。有的想找有钱的，有的想找地位高的，有的甚至把有没有房子、有没有汽车都当作结婚的条件。

玛　丽：　为什么你们一提到女朋友就先想到结婚？我觉得这是不同的事情。我要是找男朋友，就找一个能吸引我的，能让我爱上他的人。只要有了爱情，别的我什么都不管。要是你在和男朋友约会的时候，想的是他有没有钱、有没有房子，怎么会和他真心相爱？简直不可想象！

王　峰：你怎么冲我们来了？这可不是我们的想法呀。不过，一些人这样想也可以理解。按照传统观念，找朋友就是为了结婚，而婚姻是人一生中的大事，她们当然会考虑得多一些。

大　卫：我觉得在中国，这种传统观念正在改变，特别是在大城市里，很多年轻人不再有过去那种思想……怎么说来着？噢，想起来了，“好女不嫁二夫”。据我所知，中国现在离婚的比过去多了，再婚也不再是被人看不起的事了。

王　峰：你说得对。

玛　丽：听说现在中国人和外国人结婚的越来越多？

李　阳：是啊，你还不知道吧，林志强的女朋友就是一位日本姑娘。

玛　丽：真的？

词　语

1	观念	guānniàn	（名）	values
2	性格	xìnggé	（名）	disposition, personality, nature
3	善良	shànliáng	（形）	kind-hearted
4	贤惠	xiánhuì	（形）	(of a woman) virtuous
5	体贴	tǐtiē	（动）	to give every care to, to show consideration for
6	娶	qǔ	（动）	to marry (a woman)
7	危机	wēijī	（名）	crisis
8	够……的	gòu……de		very
9	亲热	qīnrè	（形）	warm and affectionate
10	婚姻	hūnyīn	（名）	marriage
11	基础	jīchǔ	（名）	base
12	实习	shíxí	（动）	to do field work as an intern
13	注重	zhùzhòng	（动）	to lay stress on
14	实际	shíjì	（形）	practical, realistic

15	一生	yìshēng	（名）	all one's life
16	寄托	jìtuō	（动）	to place (hope, etc.) on
17	未来	wèilái	（名）	coming, future
18	地位	dìwèi	（名）	status
19	真心	zhēnxīn	（名）	whole heart
20	想象	xiǎngxiàng	（动）	to imagine
21	按照	ànzhào	（介）	according to
22	考虑	kǎolǜ	（动）	to think over, to consider
23	嫁	jià	（动）	to marry (a man)
24	离婚	lí hūn		to divorce
25	再婚	zàihūn	（动）	to remarry
26	看不起	kànbuqǐ	（动）	to look down upon

注　释

1. 黄金时间

形容最宝贵的、最值得利用的时间。

2. 好女不嫁二夫

按照中国旧的观念，一个女子一生只能嫁给一个丈夫，否则就不能算作是贞节女子。

语句理解

1. 你这是说到哪儿去了

“说到哪儿去了”表示对方不该这么说，有时用于客气。比如：

（1）甲：我把你的书弄脏了。真对不起，我赔你一本新的吧。
　　乙：你这是说到哪儿去了，不就是一本书吗？

（2）甲：你给他辅导那么多次，他没付学费吗？
　　乙：你说到哪儿去了。朋友之间，帮帮忙还要钱吗？

2. 周围的女孩子他都看不上

“看不上”表示没兴趣，而“看上”表示由于喜欢而想得到。比如：

（1）这样的工作太辛苦，一般人都看不上。

（2）我看上了海边的那所房子，不过价钱实在太高了。

3. 毕业以后找到工作再说吧

“再说”表示留到以后再处理或考虑，有时表示委婉的拒绝。比如：

（1）甲：你想不想买一辆汽车？
　　乙：等有了钱再说吧。

（2）甲：咱们什么时候再见面？
　　乙：再说吧。

练　习

一 朗读下面几组句子，并比较带点词语的不同意思和用法：

1. 你这是说到哪儿去了，我和王峰是好朋友嘛。
   我的同屋不在，他没说到哪儿去了。

2. 我和王峰是好朋友嘛，再说，同学之间帮帮忙也是应该的。
   毕业以后找到工作再说吧。

3. 怎么说来着？噢，想起来了。
   已经九点多了，你还不起床？我可想起来了。

二 用上画线部分的词语回答下面的问题：

1. 最近去过书店吗？看上哪本书了？
2. 如果你是一个老板，你最注重职员哪个方面的能力？
3. 想象一下，人类的未来会是什么样子？

三 体会带点词语的意思，并完成下面的对话：

1. 甲：你认为什么样的女朋友是最理想的呢？
   乙： 说句心里话，________________________________。

2. 甲：王先生和他妻子常常吵架。你是他的朋友，怎么不去劝劝呢？
   乙： 这种事不太好劝，你想，________________________。

3. 甲：你听说了吗？李先生带着新婚妻子到南方度蜜月去了。

   乙：______________________________，真让人羡慕哇！

4. 甲：我觉得马克挺不错的，你为什么不想和他结婚呢？

   乙：让我和一个______________________________的人结婚，简直不可想象！

5. 甲：你们大学对学生上课的出勤率有什么规定吗？

   乙：据我所知，______________________________。

6. 甲：朱丽的男朋友最近怎么不来看她了呢？

   乙：你还不知道吧，______________________________。

四　根据课文，用所给的词语回答下面的问题：

1. 王峰选择女朋友的标准是什么？他的理由是什么？

   性格　传统　温柔　善良　贤惠　体贴　漂亮

2. 李阳对选择漂亮姑娘做爱人有什么看法？为什么？

   娶　不敢　漂亮　丈夫　危机感

3. 李阳对女朋友及婚姻有什么看法？为什么？

   一般　感情　基础　夫妻

4. 中国有些比较实际的女孩子在选择丈夫的时候都有什么条件？为什么？

   一生　寄托　有钱　地位　甚至　房子　汽车

5. 玛丽想找什么样的男朋友？为什么？

   吸引　爱情　不管　约会　真心相爱

6. 为什么一些中国人找男（/ 女）朋友的时候考虑的条件比较多？

   传统　观念　结婚　一生　大事　考虑

7. 中国人的婚姻观念有些什么变化？

   传统　改变　离婚　再婚　看不起

五 朗读下面的对话，并谈谈你对这几段对话的理解：

1. 周大妈：小赵，好几年没见了。结婚了吗？
   小　赵：没呢，大妈。我连女朋友都没有呢。
   周大妈：真的？快说说，要什么样的，大妈帮你介绍一个。
   小　赵：我也说不出什么条件来，反正长得不难看、比我个子矮点儿、岁数小点儿就行。
   周大妈：我们院儿有个女研究生，长得不错，……
   小　赵：哎哟，大妈，这我可不敢要，人家哪看得上我呀？

2. （两位妇女在聊天）
   甲：你家儿子有女朋友了吗？
   乙：没有。别人帮着介绍了几个，人家都不愿意。
   甲：是不是嫌他挣钱少哇？
   乙：可不，他那个公司每个月就那么点儿工资，够干什么的？
   甲：是啊，现在年轻人结婚，又得买车、买房，又得买首饰，还得请客、度蜜月什么的，要花一大笔钱哪！
   乙：除了钱少，人家姑娘还嫌他个儿太矮哪。
   甲：现在的姑娘，条件就是高。

3. （李姐给弟弟单位的小吴介绍了一个女朋友，约好在公园门口见面）
   李姐：哟，你们都来了。还不认识吧？这是我们单位的小吴。小吴，这就是我常跟你提起的姑娘亚萍。
   小吴：你好！见过你的照片。
   亚萍：你好！听李姐说起过你。
   李姐：别站在这儿说话呀，这边有椅子，坐下说吧。
   亚萍：李姐，谢谢你了！
   李姐：谢什么？给年轻人帮帮忙是应该的。哎哟，六点了，我还得回家做饭呢。你们谈吧。（轻声对小吴）主动点儿！

六 请你说说：

1. 你觉得女人好的性格应该包括哪些内容？
2. 你对女方非常漂亮或女方能力比男方高怎么看？
3. 你怎么理解“一些女孩子把希望都寄托在未来的丈夫身上”？
4. 你对“找男（/女）朋友就是找未来的丈夫（/妻子）”怎么看？

5. 你认为好男人应该是什么标准？
6. 你对中国离婚和再婚情况的增多有什么看法？

补充材料

下面是几则征婚广告，看后说说广告中提到的主要条件是什么，然后试着给自己写一份征婚广告：

1. 我友，男，31岁，未婚，身高1.78米，硕士研究生，英俊魁梧，南方人，在北京国家级科研单位从事高科技工作。觅身高、年龄相当，大专以上学历，气质好，秀丽、朴实、健康的未婚女友。来信请附近照寄本市光明小区94号楼2单元6号马平转。非诚勿扰。邮编：100081。
2. 女，25岁，身高1.62米，高中毕业，未婚，善良温柔，爱好文学。欲寻感情专一，有住房，有经济基础，1.70米以上，27至35岁的男士为伴。有意者来信请寄花城电视台"电视红娘"节目组转。
3. 女作家，40岁，1.60米，离异，气质优雅、有才华、重感情，有一8岁男孩和二室一厅住房。愿与40岁以上、有学识、有修养、为人正派、理解职业女性甘苦的男士共度人生，曾有婚史但无子女也可。有意者请与《家庭》杂志编辑部白小姐联系，电话：38294650。
4. 某男，62岁，身高1.75米，某国家机关退休干部，丧偶独居，有一子定居国外，无烟酒嗜好，喜好书画。诚觅身体健康、知书达理、善解人意、60岁以下的女性。有诚意者来信请寄本市和平路街道居委会赵凤兰转。邮政编码：100008。

第十二课　我今天身体不舒服

热身话题

1. 你来中国后看过病吗？谈谈你看病的经历。
2. 向同学介绍你知道的医院。

（玛丽给安娜打电话）

玛　丽：　安娜，我今天身体不舒服，上不了课，麻烦你替我向老师请个假吧。

安　娜：　好的。哎，昨天你不是还好好儿的吗？怎么突然不舒服了？感冒了吗？

玛　丽：　不是。昨天晚上上楼的时候，不小心崴了一下脚。当时没觉得怎么样，可夜里就开始疼起来了。今天早上一看，脚肿得跟馒头似的，可疼了。

安　娜：　哎呀，你得赶快到医院去看看哪！我陪你去吧。

玛　丽：　不用了。你上午有课，怎么好麻烦你？

安　娜：　那你这个样子，自己也走不了哇。这样吧，我帮你把大卫找来，他今天好像没课，让他陪你去吧。

玛　丽：　那就拜托你了。

（大卫和田中来到玛丽的宿舍）

玛　丽：　田中，你怎么也来了？

田　中：　听说你走不了路了，他就把我给拽来了。要不他一个人怎么背得动你？

玛　丽：　看你说的，哪有那么严重啊？哎，大卫，你知道附近哪儿有医院吗？

大　卫：　这事你得问田中，他前几天得病刚去过医院，对医院的情况比我了解。

玛　丽：　田中，你得什么病了？

田　中：　夜里没盖好被子，着凉了，又咳嗽，又发烧。

玛　丽：　你是在哪儿看的病？

田　中：　在一个日本大夫开的诊所。那儿的医疗费虽然贵一点儿，但是可以说日语，所以我们日本人有病都喜欢去那儿。

玛　丽：　哎哟，我哪会说日语呀？

大　卫：　我看咱们不如去校医院。这也不是什么大病，用不着去大医院。

玛　丽：　我也这么想。可是咱们都没去过校医院，到了那儿怎么看病都不知道。

田　中：　要不这样，你们不是知道王峰的手机号吗？给他打个电话，说不定他现在有空儿……

大　卫：　对呀！我这就打。

玛　丽：　这个大卫，真性急，说打就打，也不知道王峰有课没有。

（王峰来到玛丽的宿舍）

大　卫：　王峰，你可来了！

王　峰：　对不起，我刚下课。玛丽，听大卫说你病了，哪儿不舒服？

玛　丽：　脚崴了。

王　峰：　昨天晚上辅导的时候你还欢蹦乱跳的呢，怎么……

玛　丽：　还说呢，就是昨天送你下楼回来的时候崴的。你看……哎哟！

王　峰：　唉，真是！有什么也别有病。我们现在就送你去医院。

大　卫：　我们想去校医院，可谁都没去过，不知道有什么手续，所以……

王　峰：　没关系，有我呢！（看了看表）该走了，车我已经找来了。

玛　丽：　校医院很远吗？

王　峰：　不远，也就三四百米。

玛　丽：　那还要打车呀？

王　峰：　不是出租车。

玛　丽：　那是什么车呀？

王　峰：　出了门你就看见了。

（王峰和大卫搀着玛丽走出楼门）

玛　丽：　车在哪儿？

王　峰：　那不是吗？

玛　丽：　三轮车呀！

（玛丽等人来到校医院）

王　峰：　你们坐下等着，我先去挂号。

玛　丽：　大卫，你跟他去吧，帮我交一下挂号费。

王　峰：　（挂号后）今天看病的人多，还得等一会儿。

大　卫：　医院里怎么这么多人哪？

王　峰：　今天人还不算多呢。

大　卫：　他们看病都是自费吗？

王　峰：　学校的老师和职工都是公费医疗，个人只出很少的一部分。我们学生也是公费，不过只能在校医院。要是突然得了急病，也可以在别的医院看，那样就得自己先付钱，回来再报销。

大　卫：　中国没有医疗保险吗？

王　峰：　有哇，每个单位都要给职工办医疗保险。

护　士：　二十五号！

王　峰：　该你了，你就是二十五号。

玛　丽：　见了大夫我怎么说呀？

王　峰：　问你什么，你就说什么。快进去吧！

（过了一会儿，玛丽走了出来）

大　卫：　大夫怎么说？

玛　丽：　大夫说问题不大，给我上了点儿药，让我好好休息。你说，我上不了课可怎么办呢？

大　卫：　哎，这下儿你早上可以舒舒服服地睡大觉了，多美呀！

玛　丽：　你还羡慕我哪！

词　语

1	小心	xiǎoxīn	（形）	careful
2	崴	wǎi	（动）	to sprain
3	当时	dāngshí	（名）	at that time
4	肿	zhǒng	（动）	swelling, to be swollen
5	馒头	mántou	（名）	steamed bun
6	拜托	bàituō	（动）	to request sb. to do sth.
7	拽	zhuài	（动）	to pull, to drag
8	背	bēi	（动）	to carry on the back
9	严重	yánzhòng	（形）	serious, severe
10	得病	dé bìng		to fall ill
11	被子	bèizi	（名）	quilt
12	着凉	zháo liáng		to catch cold
13	医疗	yīliáo	（动）	medical treatment
14	性急	xìngjí	（形）	impatient
15	欢蹦乱跳	huānbèngluàntiào	（形）	healthy looking and vivacious
16	手续	shǒuxù	（名）	procedure
17	搀	chān	（动）	to support sb. with hand
18	挂号	guà hào		to register (at a hospital, etc.)
19	自费	zìfèi	（动）	at one's own expense
20	职工	zhígōng	（名）	staff and workers

21	公费	gōngfèi	（名）	at public (or state) expense
22	个人	gèrén	（名）	individual
23	急（病）	jí (bìng)	（形）	acute (disease)
24	报销	bàoxiāo	（动）	to ask reimbursement
25	保险	bǎoxiǎn	（名）	insurance
26	企业	qǐyè	（名）	enterprise; business
27	护士	hùshi	（名）	nurse
28	上（药）	shàng (yào)	（动）	to apply (ointment)
29	美	měi	（形）	satisfactory

注 释

1. **有什么也别有病**

俗话，意思是在所有的事情中，生病是最糟糕的。

2. **三轮车**

一种有三个轮子的交通工具。

语句理解

1. **我这就打**

"这就……"表示马上做某事或某种情况马上会发生。比如：

（1）甲：你怎么还没吃饭呢？

乙：看了一会儿电视，我这就吃。

（2）甲：饺子熟了没有？

乙：等一下，这就熟。

2. **还说呢**

反问句，意思是"别说我了"强调原因不在自己而在对方。比如：

（1）甲：你的鞋怎么刚穿两天就坏了？

乙：还说呢，你给我买的这叫什么鞋呀？

（2）甲：你怎么考得那么差？

乙：还说呢，就是昨天你跟我聊得那么晚，我都没好好复习。

3. 真是

感叹语，用于对某种情况的发生或某人的说法、做法表示不满。比如：

（1）想去商店，自行车又坏了，真是！

（2）真是！他说下午来，可到现在还没来。

4. 有我呢

“有……呢”表示有某人的帮助，对方不必担心。比如：

（1）甲：我不会说汉语怎么办？

乙：没关系，有我呢。

（2）甲：咱们不会走错路吧？

乙：放心吧，有导游呢。

练　习

一 朗读下面几组句子，并比较带点词语的不同意思和用法：

1. 昨天你不是还好好儿的吗？

大夫说问题不大，让我好好儿休息。

2. 脚肿得跟馒头似的，可疼了。

你可来了。

3. 听说你走不了路了，他就把我给拽来了。要不他一个人怎么背得动你？

要不这样，你们不是知道王峰的手机号吗？给他打个电话。

4. 该走了，车我已经找来了。

该你了，你就是二十五号。

二 用指定的词语完成下面的对话，然后用它做模仿会话练习：

1. 甲：十二点了，你还不睡呀？

乙：______________________________。（这就……）

2. 甲：有时间的话，咱们去逛逛附近的胡同，好吗？

乙：______________________________。（说……就……）

3. 甲：听说你昨天回宿舍以后醉得都吐了？

乙：________________________________。（还说呢）

4. 甲：复习时如果有问题，我应该找谁呀？

乙：________________________________。（有……呢）

5. 甲： 动物园离这儿远不远？

乙：________________________________。（也就……）

三 你能熟练地说出下面的话吗？

1. 病人自己说的话

（1）我今天身体不舒服。

（2）麻烦你替我向老师请个假吧。

（3）夜里就开始疼起来了。

（4）哪有那么严重啊？

（5）你知道附近哪儿有医院吗？

（6）着凉了，又咳嗽，又发烧。

2. 对病人说的话

（1）你得赶快去医院看看哪！

（2）我陪你去吧。

（3）你是在哪儿看的病？

（4）听说你病了，哪儿不舒服？

（5）我们现在就送你去医院。

四 朗读下面的对话，然后模仿进行表演：

1. 挂号

病　人：劳驾，我挂个号。

挂号员：看什么？

病　人：内科。请问有专家门诊吗？

挂号员：只有李大夫的了。

病　人：那我挂一个李大夫的专家门诊。

2. 看病（一）

大　夫：坐吧。你哪儿不舒服哇？

病　人：肚子疼，还拉肚子。
大　夫：多长时间了？
病　人：昨天夜里开始的。
大　夫：我给你开一张化验（huàyàn）单，先去化验一下大便（dàbiàn）。

3. 看病（二）
大　夫：你怎么了？
病　人：嗓子疼得厉害，老咳嗽。
大　夫：我看看。张开嘴，说“啊——”
病　人：啊——
大　夫：嗓子有点儿红。（拿出听诊器 tīngzhěnqì）解开衣服，我给你听听……
　　　　你这是重感冒，我给你开点儿药，回去按时吃药，好好儿休息。
病　人：您看我能上班吗？
大　夫：我看就不要去了，我给你开个病假条。
病　人：谢谢您了，大夫！
大　夫：不客气，要是不好再来。

4. 交费
病　人：请问，是在这儿交费吗？
收费员：这儿是药房。交费在对面的窗口。
病　人：（在收费处）劳驾，我交费。
收费员：你的药方呢？
病　人：这儿呢，给你。
收费员：（收费后）请到左边第二个窗口拿药。

5. 取药
病　人：大夫，我取药。
药剂师：这包药一天三次，一次两片，饭后吃。
病　人：这个瓶子里的药呢？
药剂师：那是外用药，用法在瓶子上写着呢。

五　在下面的情景中，你应该怎样说？

1. 你身体不舒服，请同学帮你请假。
2. 替生病的同学向老师请假。
3. 同学感冒了，你劝他到医院去看病。
4. 你有病，可是不想去医院。

六 下面是一个大夫向你提出的问题，你能按照可能发生的情况回答吗？

1. 你哪儿不舒服？
2. 还有哪儿不舒服？
3. 什么时候开始的？
4. 发烧吗？
5. 夜里睡得好吗？
6. 吃过什么药？
7. 请别的大夫看过吗？
8. 过去得过这种病吗？
9. 家里有什么人得过这种病吗？
10. 给你打一针吧！
11. 要病假条吗？

七 查词典，了解下面词语的意思，然后搭配适当的身体部位词，各说一句完整的话：

疼　红　崴　扭（niǔ）　晕（yūn）　发炎（fā yán）

肿　破　酸　胀（zhàng）　出血　骨折（gǔzhé）

八 请你介绍：

在你们国家，人们生病以后怎么办？在看病方面有什么问题？

补充材料

朗读下面的对话：

求医趣闻

一、我不敢说

医生：你哪儿不舒服？

病人：我疼。

医生：你哪儿疼？

病人：我不敢说。

医生：有什么不敢说的？你不说你什么地方疼，我怎么给你看病？

病人：我真的不敢说。大夫，我这是第三次到您这儿看病了。第一次我嗓子疼，您说我的扁桃体（biǎntáotǐ）发炎了，把我的扁桃体切除了。第二次我的肚子疼，您说我是阑尾（lánwěi）炎，把我的阑尾也切除了。这次……

医生：这次哪儿疼啊？

病人：这次……这次……这次我头疼！

二、看谁敢拔我的牙

病人：大夫，我左边第一个牙疼得厉害。

医生：让我看看。哎呀，你的牙已经不行了，得拔掉。

病人：不拔行吗？我最怕拔牙。

医生：别怕，我有一个办法。喝点儿酒，壮壮胆，就什么都不怕了。（医生给病人一杯酒，看着病人喝下去）感觉怎么样？现在不害怕了吧？

病人：（大声地）那当然，我现在什么也不怕。我倒要看看，谁敢拔我的牙？

口语知识（三）

1　形容词的重叠

一部分形容词在修饰其他词语或单独做句子的某一成分时，可以重叠，构成比原来更为生动的形式。这种重叠，或者使形容的程度有所加强，或者含有某种感情色彩。

单音节形容词和双音节形容词的重叠方式是有区别的。

单音节形容词的重叠主要有以下两种形式：

（1）单音节形容词 A 构成 AA（的 / 地）：

① 他很漂亮。大大的眼睛，高高的鼻子，像个电影明星。
② 水面上结了薄薄一层冰。
③ 她轻轻地拍了拍孩子的肩膀。
④ 别着急，有话慢慢说。

单音节形容词重叠为 AA（的 / 地）这种形式以后，口语的读音也稍有变化。第二个 A 一般读阴平（一声），有些还要儿化。例如：

① 你走得远远（yuǎnyuān）的，永远别回来。
② 他早早儿（zǎozāor）就来到了学校。

（2）单音节形容词 A 加上后缀 BB 构成 ABB（的 / 地）：

① 宿舍楼里乱哄哄的，没法安心学习。
② 他们都走了，剩下我孤零零一个人在家。
③ 他慢腾腾地走了过来。

ABB 中的 BB，在口语中一般也读阴平（一声）。

单音节形容词 A 与后缀 BB 的搭配是习惯性的，一个形容词在不同的情况下可能会有不同的后缀。比如：

白皑（ái）皑（形容雪的颜色）
白苍苍（形容头发和脸色）
白花花（形容银子或水的颜色）
白净净（形容人的皮肤）
白茫茫（形容云、雾、大水等一望无际）
白蒙蒙（形容雾气、水气等）
白晃晃（形容白而亮）

有些 BB 可以加在较多的 A 后。比如：

洋洋：喜洋洋　懒洋洋　暖洋洋
生生：活生生　好生生　脆生生

同一个 BB 的写法常有不同。比如：

黄糊糊　黄胡胡　黄乎乎
美滋滋　美孜（zī）孜

双音节形容词的重叠主要有以下三种形式：

（1）双音节形容词 AB 构成 AABB（的 / 地）：

① 班里来了个壮壮实实的男生。
② 这些规定在文件里都写得清清楚楚。
③ 大家高高兴兴地唱了起来。
④ 你怎么能随随便便把不认识的人请到家里来呢？

在口语中，部分 AABB 中的第二个 A 常读轻声，BB 多读为阴平（一声），有时候，第二个 B 还要儿化，并且是重音所在。比如：

慢慢腾腾 mànmantēngtēng
干干净净儿 gānganjīngjīngr

注意：在正式场合 BB 没有语音的变化。

（2）双音节形容词AB构成不完全重叠式A里AB（的／地）。这种构成较为少见，从意义上说多为贬义词，含有厌恶、轻蔑的意味。常见的主要有：

糊里糊涂　啰里啰唆　慌里慌张　马里马虎　傻里傻气

在这些词语里，“里”读轻声，词语的重音有的放在第一音节，像“慌里慌张”；有的放在第四音节，像“糊里糊涂”。放在第四音节上，语气更重些。

（3）双音节形容词BA构成BABA的。这种形容词也不太多。比如：

笔直笔直的　冰凉冰凉的　通红通红的

重叠后的形容词有以下几种功能：

其一，修饰名词性成分。比如：

① 蓝蓝的天空飘着白白的云。
② 一个胖乎乎的小男孩儿走了过来。
③ 她把干干净净的床单铺在床上。
④ 望着她那冻得通红通红的小脸儿，我只好答应。
⑤ 短短几分钟，船就沉没了。

其二，修饰动词短语。比如：

① 我们美美地吃了一顿。
② 他急冲冲地跑进办公室。
③ 全家人快快乐乐地过了一个周末。
④ 咱们热热闹闹过个年。

其三，做谓语。比如：

① 眼睛大大的，像个娃娃。
② 外面黑乎乎的，你不害怕？
③ 这姑娘白白净净的，挺讨人喜欢。
④ 你的手怎么冰凉冰凉的？

其四，在"得"字后做补语。比如：

① 房间里搞得乱糟糟的。
② 书架收拾得整整齐齐（的）。
③ 他说得啰里啰唆的。
④ 老王的脸气得煞白煞白的。

2 象声词

象声词是摹拟自然界声音的词，又叫"拟声词"。象声词多用于口语，有时也用于文学作品。在口语中，说话人形象生动地模仿他人、动物或各类事物所发出的声音，给人身临其境、如闻其声的感觉，加强了语言效果。因人的感觉不一样，同一种声音，各地区，甚至不同人所摹拟的象声词有时也会各有不同。不过，有些象声词所摹拟的声音是得到大多数人认可的。

下面是生活中人们经常使用的一些象声词：

（1）模仿人的口鼻发出的声音：

哈哈、呵呵、嘿嘿、嘻嘻、咯咯、扑哧（笑声）
哇哇（小孩儿哭声）
呼哧（喘气声）
阿嚏（打喷嚏声）

（2）模仿动物发出的叫声：

汪汪（狗叫声）
咩（羊叫声）
喵（猫叫声）
哞（牛叫声）
咴儿咴儿（马叫声）
嘎嘎（鸭子的叫声）
喔喔（公鸡的叫声）
呱呱（青蛙响亮的叫声）

（3） 模仿人或动物的动作发出的声音：

咚（人敲门或敲鼓的声音）
呱唧（人鼓掌发出的声音）
啪（人打耳光或打苍蝇、蚊子等发出的声音）
乓（关门声）
扑棱（翅膀抖动声）
嘚嘚（马蹄踏地的声音）

（4） 模仿自然界事物发出的响声：

呼呼（风吹声）
淅沥（轻微的风声、雨声、落叶声）
轰隆（雷声）
哗啦（流水声）
沙沙（风吹草木声）

（5） 模仿日常事物发出的响声：

滴答（钟表摆动声）
丁零（铃声）
咕咚（重物落地声）
喀嚓（树木折断声）
劈里啪啦（鞭炮声）
呜（火车鸣笛声）

象声词在口语句中大多做状语。比如：

① 她的心怦怦直跳。
② 钟摆滴滴答答地响着。
③ 汽车喇叭嘟地响了一声。
④ 大石头咕噜噜滚下山去。
⑤ 他们叽里咕噜说了半天，我也没听懂。

象声词也可以做定语、谓语、补语，有时也可以独立使用。比如：

① 你听，远处有嗒嗒的马蹄声。（定语）
② 每天早上，我都能听到这种梆梆梆的敲门声。（定语）
③ 孩子哼哼唧唧的，谁劝也不听。（谓语）
④ 外面雷声轰隆隆地，我不敢出去。（谓语）
⑤ 他睡得呼呼的，谁也叫不醒。（补语）
⑥ 他气得呼哧呼哧的。（补语）
⑦ 他刚要解释，啪，啪！脸上早就挨上两巴掌。（独立成分）

练　习

一 请你说出 AA、ABB、AABB 的词语各五个。

二 用正确的语调朗读下面的词语：

沉甸甸　绿油油　安安静静　哆里哆嗦　犹犹豫豫
乱哄哄　热腾腾　痛痛快快　轻轻松松　平平安安
羞答答　晕乎乎　普普通通　蜡黄蜡黄的脸

三 模仿说出你学过的象声词。

四 用上述象声词，与你的母语中类似的词语作对比。

口语常用语（三）

当你遇到麻烦的时候

生活中常会发生一些不如意的事，产生的原因也是多方面的，有的是误会，有的是文化不同而引起的，有的是我们自身的原因，有的是对方的责任。当你遇到麻烦的时候，冷静是最重要的。如果你能心平气和地与对方讲清道理，也许事情就会有个好结果。如果为一点儿小事吵起架来，最后双方都会弄得不愉快。怎样才能有理有据有节地把问题说清楚呢？下面这些语句也许会对你有帮助。

（1）说明与要求

买东西后发现质量有问题，是最让人糟心的了。你只能到商店去退换。而一个售货员拿到你要求退换的商品时，从他的心理角度分析，当然是不乐意的。因此，退换商品时一定要心平气和，耐心地向售货员申诉你要求退换的理由：

① 你看，这鞋刚穿了三天就裂开了，它的质量一定有问题。我要求退货。

② 这台电视机的图像很不清楚，能不能给我换一台？

③ 你说这是进口的，可是这里面的说明书却说是国产的。你们是不是弄错了？

④ 这件衣服没洗干净。你看，这儿，这儿，还有这儿，都有脏的地方。请你们重洗一下。

如果售货员同意退换，事情就圆满解决了。如果不同意退换，并且他的理由说服不了你时，你也不要发怒，进一步阐述你的理由，或者要求找上一级领导解决：

① 这衣服我肯定没有穿过。

② 是一位戴眼镜的小姐卖给我的。

③ 你们的商品上写着“包退包换”。
④ 你要是不能解决的话，我能找你们领导谈谈吗？
⑤ 我要向消费者协会去反映。

（2）商量与委婉的批评

当你要入睡而同屋还在兴致勃勃地听音乐时，当你在看书而楼上的住户在房间里跳起舞时，当你和朋友在饭馆儿里吃饭被过大的音乐声弄得心烦时……你可能会生气，你可能去和对方吵架。不，这不是最好的办法。我们还是要忍住心中的火，尽量用商量的语气来解决问题：

① 对不起，我想早点儿休息，你能戴上耳机听音乐吗？
② 在宿舍楼里跳舞恐怕不太合适吧？
③ 劳驾，这里太吵了，能不能把声音放低一点儿？
④ 这么做，我想是不太合理的。

（3）提醒和申辩

有的人在和别人发生矛盾的时候，往往头脑不冷静，摆出一副要打架的样子。这时候，如果你也不冷静，双方就会打起来。你应该等他的火气稍稍平静一点儿的时候，为你自己申辩，提醒他注意他自己的错误。

举例来说，在街上，骑自行车的人很多，有时候难免会发生碰撞。碰撞双方都会觉得生气，无论责任是在哪一方。如果确实不是你的错误，你可以用平和的语气提醒他：

① 你为什么抢红灯呢？
② 这么多车，你不应该逆行。
③ 你在我后面骑，我怎么会撞你呢？
④ 你拐弯儿的时候，应该打个手势。
⑤ 你要让警察来评评理吗？

（4）希望和建设性的意见

发生了矛盾，特别是与某一单位之间发生了矛盾，无论是否得到圆满的解决，都可以用“希望”这个词语表示自己的意见。当然，能提一些建设性的意见更好：

① 希望你们能根据实际情况把规定再改进一下。
② 但愿今后不再发生这种事。
③ 要是事情真能像你所保证的那样就好了。
④ 最好是把这些规定写出来，让大家都看到。
⑤ 希望你们的服务能多注意细节。
⑥ 要是你们都能这样做，顾客就不会有意见了。
⑦ 希望以后你们能多从我们留学生的角度考虑一下。
⑧ 希望我们的食堂能听取大家的意见，把食堂办得越来越好。

第十三课 我们正准备全市的龙舟大赛呢

热身话题

1. 你听说过端午节这个节日吗？你吃过粽子吗？
2. 说出你知道的几位中国古代著名诗人的名字。

（玛丽去历史系学生会找王峰，见王峰和他的同学们穿着中国传统服装，正围坐在一起讨论着什么。玛丽好奇地走上前去……）

王　峰：　玛丽，你来了。

玛　丽：　怎么这副打扮？我都快认不出你了。

王　峰：　过两天是中国的传统节日——端午节，我们正准备全市的龙舟大赛呢。

玛　丽：　端午节？我听说过，是纪念中国一位有名的诗人的节日，他叫什么来着？

王　峰：　屈原，“委屈”的“屈”，“原来”的“原”。

玛　丽：　对，我想起来了。前些日子我去拜访一位中文系的教授，他家的墙上挂着一幅书法作品，内容好像就是这个屈什么——噢，屈原——他写的诗。你等等，我这儿记着呢。（掏出书包里的笔记本翻找）在这儿呢。（念）“路漫漫其修远兮，吾将上下而求索。”（周围的人都鼓起掌来）

王　峰：（对身边的同学）你还别说，她念得挺有诗味儿呢。你知道这两句诗的意思吗？

玛　丽：当然啦，意思是“人生的道路很长很长，我要上天入地去寻找自己该走的路”。

王　峰：太棒了！你读过屈原的诗吗？

玛　丽：没有，听说很难懂。

王　峰：是挺难的。别说是你，就连一般的中国人，也很难读懂他的诗，就像很多英国人读不懂莎士比亚的作品一样。

玛　丽：有一点我不明白。中国有名的诗人很多，像李白啦、杜甫啦、陶渊明啦，为什么在中国的传统节日中，只有纪念屈原的一个节日？

王　峰：这可不是一两句话就能说清楚的。屈原是中国最早的爱国诗人，他的死也是为了自己的祖国，很让人感动。他因为自己的祖国被别的国家打败而投江自杀以后，许许多多的老百姓都划着船，到他投江的地方去寻找他的尸体。以后，每年的这一天——也就是端午节——人们都要通过划船的方式来纪念他，慢慢就形成了赛龙舟这样一个传统的活动。

玛　丽：我明白了。我过去常听一些人说，许多居住在国外的华侨，身在国外，心在中国，我想也是受了屈原的影响。

王　峰：你说得太对了。

玛　丽：端午节的时候，你们除了赛龙舟，还有什么活动呢？

王　峰：吃粽子啊。你见过粽子吗？没见过？没关系，我们有个同学刚才去买粽子了，过一会儿你就能吃到。嘿，说曹操，曹操到。你看，他来了。

（王峰从买粽子的同学手中拿过两个粽子，将其中一个递到玛丽手里）

玛　丽：　噢。是这个呀，我见过，这两天街上到处都有卖这个的，我不知道是吃的东西。

王　峰：　你看，热乎着呢，趁热吃吧。

玛　丽：　（剥开粽子，咬了一口）嗯，真香！这里面有红枣吧？

王　峰：　对。我吃的这个是豆沙馅儿的。

玛　丽：　（边吃边问）吃粽子和屈原也有关系吗？

王　峰：　有哇。刚才不是说屈原投江自杀以后，很多老百姓都划着船去寻找他的尸体吗？尸体没找到，大家就用竹叶包上糯米投到江里，说这样屈原的尸体就不会被鱼虾吃掉了。以后端午节包粽子的风俗就延续下来了。

玛　丽：　真没想到，一个节日有这么多动人的故事。要是屈原知道两千多年后的今天，人们还是这么怀念他，没准儿连他自己都会被感动呢。

王　峰：　一点儿没错儿。

玛　丽：　（注意地看了看这些传统打扮的学生）哎，你们参加龙舟大赛的都是男的吗？为什么没有女的呢？

王　峰：　（和同学们对看了一眼）还真是。咱们怎么就没想到呢？这么多年，还都是男子比赛。明年咱们提个建议，让女同学也参加进来。

玛　丽：　要是明年有女子比赛，算我一个。

词　语

1	纪念	jìniàn	（动）	to commemorate
2	诗人	shīrén	（名）	poet
3	委屈	wěiqu	（形）	to feel wronged, to nurse a grievance
4	拜访	bàifǎng	（动）	to visit
5	书法	shūfǎ	（名）	calligraphy
6	作品	zuòpǐn	（名）	works
7	掏	tāo	（动）	to draw out
8	笔记本	bǐjìběn	（名）	notebook

9	翻找	fānzhǎo	（动）	to rummage, to search
10	寻找	xúnzhǎo	（动）	to look for
11	祖国	zǔguó	（名）	homeland, mothercountry
12	打败	dǎbài		to defeat
13	投（江）	tóu (jiāng)	（动）	to jump in (the river to commit suicide)
14	自杀	zìshā	（动）	to commit suicide
15	划（船）	huá (chuán)	（动）	to paddle or row a boat
16	尸体	shītǐ	（名）	corpse
17	居住	jūzhù	（动）	to live
18	华侨	huáqiáo	（名）	overseas Chinese
19	粽子	zòngzi	（名）	glutinous rice dumpling
20	热乎	rèhu	（形）	hot
21	趁	chèn	（介）	while
22	咬	yǎo	（动）	to bite
23	红枣	hóngzǎo	（名）	red jujube
24	豆沙	dòushā	（名）	sweet bean paste
25	馅儿	xiànr	（名）	filling
26	竹叶	zhúyè	（名）	bamboo leaf
27	糯米	nuòmǐ	（名）	glutinous rice
28	虾	xiā	（名）	shrimp
29	延续	yánxù	（动）	to continue, to last
30	动人	dòngrén	（形）	moving
31	怀念	huáiniàn	（动）	to cherish the memory of, to yearn

注　释

1. 龙舟（zhōu）

　　也叫“龙船”，即装饰成龙形的船。在一些地区，端午节时用它来举行划船竞赛。

2. 端午节

　　农历五月初五为端午节，又叫“端阳节”，是中国传统节日。传说古代诗人屈原在这天投江自杀，后人为了纪念他，把这天当作节日，有吃粽子、赛龙舟等风俗。

3. 屈原

　　中国早期诗人，战国时期楚国人。因为自己的政治理想无法实现，加上楚国首都被秦国攻占，于是投汨（mì）罗江而死。有《离骚》《九章》《天问》等诗歌留传后世。

4. **路漫漫其修远兮（xī），吾（wú）将上下而求索（suǒ）**

屈原《离骚》中的两句诗。

5. **莎（shā）士比亚**

即 William Shakespeare，英国 16 世纪著名戏剧家、诗人。

6. **杜甫（Dù Fǔ）**

中国唐代著名诗人。

7. **陶渊明（Táo Yuānmíng）**

中国晋代大诗人。

8. **说曹操（Cáo Cāo），曹操到**

意思是正说到某一个人，他正好来了（曹操是中国古代著名的政治家、军事家、诗人）。

语句理解

1. **我这儿记着呢**

"……着呢"用在动词后面，表示动作或状态的持续。比如：

（1）他在屋里坐着呢。

（2）进去吧，门开着呢。

2. **还真是**

表示赞同对方的说法，认为对方说得有道理。比如：

（1）甲：她应该自信一点儿，不去试试怎么知道自己行不行呢？

乙：还真是。咱们去劝劝她吧。

（2）甲：名牌的东西不一定质量最好。

乙：还真是，有时候物美价廉的东西一点儿也不比名牌产品差。

3. **算我一个**

"算……一个"表示让某人参加。比如：

（1）甲：我们想成立一个乐队。

乙：太好了，算我一个吧。

（2）甲：听说新来的同学篮球打得不错。让他参加我们的球队，好不好？

乙：那下次比赛也算他一个。

练　习

一 朗读下面几组句子，并比较带点词语的不同意思和用法：

1. 我这儿记着呢。
   热乎着呢，趁热吃吧。

2. 你还别说，她念得挺有诗味儿呢。
   别说是你，就连一般的中国人，也很难读懂他的诗。

3. 有一点我不明白，为什么在中国的传统节日中，只有纪念屈原的一个节日？
   一点儿没错儿。

二 完成下面的对话，然后用上带点儿的词语做模仿会话练习：

1. 甲：他们俩为什么要离婚？
   乙：这可不是一两句话就能说清楚的，____________________。

2. 甲：没准儿老师也来参加咱们的晚会。
   乙：说曹操，曹操到，____________________。

3. 甲：你听说了吗？刚刚得奖的那个女演员自杀了。
   乙：真没想到，____________________。

4. 甲：你要是早点儿问我，就不会白跑一趟了。
   乙：还真是，____________________。

三 回答下列问题，注意正确使用问句中画线部分的词语：

1. 端午节是纪念哪一位诗人的节日？
2. 什么时候你会觉得委屈？委屈的时候你会怎么办？
3. 如果有条件的话，你最希望拜访什么人？
4. 你都吃过什么馅儿的饺子？
5. 你认为哪位歌星唱的歌最动人？
6. 你最怀念的人是谁？

四　根据课文回答下面的问题：

1. 端午节有哪些活动？
2. 龙舟大赛是怎样产生的？
3. 介绍跟端午节有关的食品——粽子。
4. 中国人民为什么纪念屈原？

五　请你说说：

1. 介绍你们国家的一种节日食品，并试着说说它包含的文化含义。
2. 介绍你们国家一个与历史或历史人物有关的节日。

六　朗读下面几首古诗：

静夜思

（唐）李白

床前明月光，疑是地上霜（shuāng）。

举头望明月，低头思故乡。

绝句

（唐）杜甫

两个黄鹂（lí）鸣（míng）翠（cuì）柳，一行白鹭（lù）上青天。

窗含（hán）西岭（lǐng）千秋雪，门泊（bó）东吴（wú）万里船。

归园田居

（晋）陶渊明

种豆南山下，草盛（shèng）豆苗稀（xī）。

晨兴（xīng）理荒秽（huì），带月荷（hè）锄（chú）归。

道狭（xiá）草木长，夕（xī）露沾（zhān）我衣。

衣沾不足惜，但使愿无违。

七　成段表达：

1. 我看屈原的爱国行为。
2. 介绍你们国家一位有名的诗人及其作品。

补充材料

橘颂

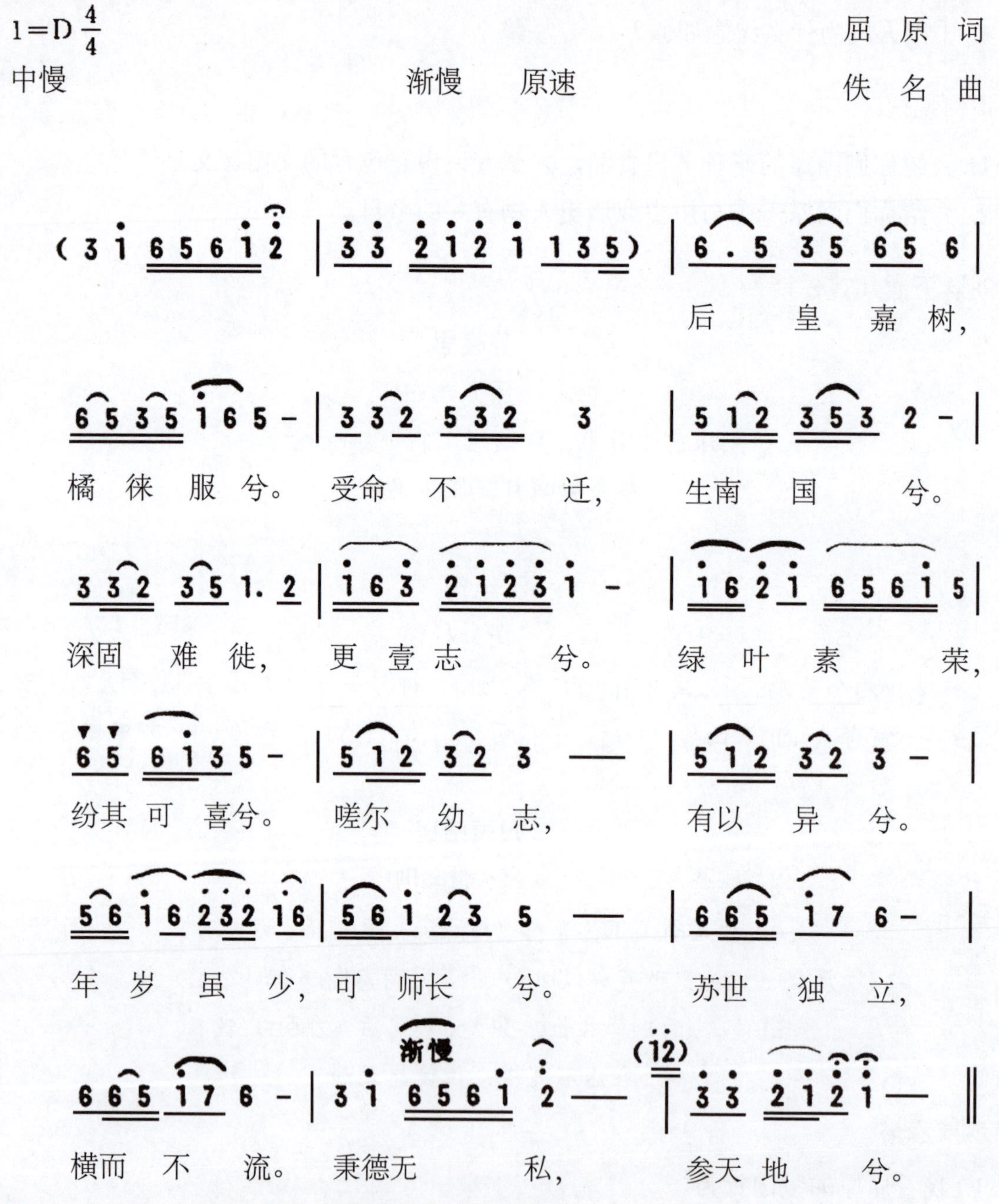

1=D 4/4 屈原 词

中慢 渐慢 原速 佚名 曲

(3 1 6 5 6 1 2 | 3 3 2 1 2 1 1 3 5) | 6 . 5 3 5 6 5 6 |

后皇嘉树，

6 5 3 5 1 6 5 - | 3 3 2 5 3 2 3 | 5 1 2 3 5 3 2 - |

橘徕服兮。受命不迁，生南国兮。

3 3 2 3 5 1. 2 | 1 6 3 2 1 2 3 1 - | 1 6 2 1 6 5 6 1 5 |

深固难徙，更壹志兮。绿叶素荣，

6 5 6 1 3 5 - | 5 1 2 3 2 3 — | 5 1 2 3 2 3 - |

纷其可喜兮。嗟尔幼志，有以异兮。

5 6 1 6 2 3 2 1 6 | 5 6 1 2 3 5 — | 6 6 5 1 7 6 - |

年岁虽少，可师长兮。苏世独立，

6 6 5 1 7 6 - | 3 1 6 5 6 1 2 — | 3 3 2 1 2 1 — ‖

横而不流。秉德无私，参天地兮。

第十四课 说变就变（荒诞剧）

热身话题

1. 你常常做美容吗？
2. 你愿不愿意为使自己更漂亮而去整容？

（新年前，全校留学生开了一个联欢会，玛丽和班里的几位同学一起表演了一个荒诞剧：《变变整容院》）

剧中人： “变大夫”（玛丽饰）

女顾客“爱美丽”（安娜饰）

男顾客“高大强”（麦克饰）

场　景： 路边一个十分简陋的小房屋，门的上方歪歪扭扭地写着：“变变整容院”。

变大夫： 里边请，里边看，这是“变变整容院”。矮鼻子能变高，双眼皮能变单，薄嘴唇能变厚，黑眼睛能变蓝，反正是你想怎么变就怎么变。里边请，里边看……

（爱美丽上）

爱美丽：请问，你是这儿的大夫吗？

变大夫：是是，你是来做整容的吧？

爱美丽：我想……我想……

变大夫：小姐，你想变，咱们马上就变，“女大十八变，越变越好看”。说吧，你想怎么变？

爱美丽：你看，我这眼睛……

变大夫：噢，单眼皮想变双？

爱美丽：你好好看看，我就是双眼皮！

变大夫：噢，双眼皮想变单？

爱美丽：不对。你没看出我的眼睛太小吗？我希望有大大的眼睛，像……像……像哪个明星来着？

变大夫：像我？

爱美丽：什么呀！你这儿到底能不能做这样的手术？

变大夫：那还用说？等我给你做完手术，你往大街上一站，谁看见你都会说你像……

爱美丽：像什么？

变大夫：（对观众）像熊猫。

爱美丽：你说什么？

变大夫：哦，当然是像你自己了。（见爱美丽有点儿不高兴）为什么要像别人呢？你自己就很漂亮啊！我向你保证，你做完整容比任何明星都漂亮，要多漂亮有多漂亮。

爱美丽：这话我爱听。你要知道，别人刚给我介绍了一个男朋友，我要让他一看见我就爱上我。

变大夫：（对观众）还“爱上”呢，不吓跑就不错了。（对爱美丽）来来来，里边请，里边坐，咱们说变就变。不瞒你说，今年的亚洲小姐漂亮不漂亮？她就是在我这儿做的整容。

爱美丽：真的？那我就在你这儿做了。

（高大强戴着一个大口罩上）

高大强： 变大夫，你还认识我吗？

变大夫： 你……好像没见过。

高大强： 没见过？前两天我刚在你这儿做过整容。

变大夫： 噢，想起来了，你在我这儿做过鼻子的整容。怎么样？整容以后感觉不错吧？你看你这鼻子，原来又小又平，带上口罩就跟没鼻子似的。现在呢，你让这位女客人看看，隔着口罩也能看出，你的鼻子就像耸立的高山……

高大强： 得了，别在这儿吹了。我今天也不怕丢脸了，（拉下口罩）你看看吧！

变大夫： （观众笑）笑什么？有什么好笑的？

爱美丽： 哎呀，鼻子肿得老高，都快烂了！哎？怎么还有一股牛肉的味儿……

高大强： 能没有牛肉味儿吗？她给我的鼻子里装了一块牛骨头！

爱美丽： 什么？牛骨头？

高大强： 你说她缺德不缺德呀？最近别人给我介绍了一个女朋友，约好今晚在电影院门口见面。你们说，我这个样子怎么去见女朋友哇？

爱美丽： 怎么这么巧？我今晚也要去和男朋友见面……

高大强： 在电影院门口？

爱美丽： 是啊。

高大强： 晚上七点半？

爱美丽： 没错儿。

高大强： 你，你是爱美丽？

爱美丽： 你是——高大强？

（音乐响起，高大强和爱美丽在音乐声中走到了一起）

高大强： 真没想到，我们会在这儿以这种方式见面，我现在这个样子，你……

爱美丽： 你别说了，我现在明白了：看一个人不能只看表面的东西，因为什么都有可能是假的，只有人的心……高大强，只要你能和我真心交往……

高大强： 这么说，你不讨厌我的鼻子？

爱美丽：（点头）嗯！

高大强：这里面可有块牛骨头……

爱美丽：没关系。我爱喝牛奶，爱吃牛肉，爱闻牛肉味儿。

高大强：你真好！以后我一定会真心地爱你，海枯石烂……啊不，海枯鼻烂心不变。

爱美丽：咱们走吧。

高大强：等等。她把我的鼻子弄成这个样子，我得好好问问她。（对变大夫）这个整容院是谁开的？有营业执照吗？

变大夫：是我舅舅开的，有没有营业执照你得问他。

爱美丽：你舅舅是干什么的？是医院的大夫吗？

变大夫：不是。

高大强：是整容院的？

变大夫：也不是。

爱美丽：是化妆师？

变大夫：都不是，他是屠宰场的。

高大强：什么什么？他是兽医？

变大夫：不，他是宰牛的。

高大强
爱美丽：啊？！

（根据郝爱民、谈宝森的一分钟小品《如此美容院》改写）

词　语

1	荒诞剧	huāngdànjù	（名）	absurd play
2	饰	shì	（动）	to act the role of
3	整容院	zhěngróngyuàn	（名）	beauty parlour
4	简陋	jiǎnlòu	（形）	simple and crude
5	歪歪扭扭	wāiwāiniǔniǔ	（形）	irregular, awkward
6	整容	zhěng róng		to face-lift
7	眼皮	yǎnpí	（名）	eyelid

8	薄	báo	（形）	thin (between opposite surfaces)
9	嘴唇	zuǐchún	（名）	lip
10	厚	hòu	（形）	thick (between opposite surfaces)
11	手术	shǒushù	（名）	medical operation
12	观众	guānzhòng	（名）	audience
13	熊猫	xióngmāo	（名）	panda
14	口罩	kǒuzhào	（名）	gauze mask
15	平	píng	（形）	flat
16	隔	gé	（动）	from the other side of
17	耸立	sǒnglì	（动）	tower aloft
18	吹	chuī	（动）	to boast
19	丢脸	diū liǎn		to lose face
20	烂	làn	（形）	rotten, decayed
21	股	gǔ	（量）	*measure word for smell, air, etc.*
22	味儿	wèir	（名）	smell
23	缺德	quēdé	（形）	mean, wicked
24	巧	qiǎo	（形）	coincidental, by a happy chance
25	方式	fāngshì	（名）	way, manner
26	表面	biǎomiàn	（名）	face, appearance, superficial
27	讨厌	tǎoyàn	（动）	to dislike, to hate
28	闻	wén	（动）	to smell
29	弄	nòng	（动）	to make, to do
30	营业	yíngyè	（动）	to do business
31	执照	zhízhào	（名）	license
32	舅舅	jiùjiu	（名）	mother's brother
33	化妆师	huàzhuāngshī	（名）	make-up person
34	屠宰场	túzǎichǎng	（名）	slaughter house
35	兽医	shòuyī	（名）	veterinarian
36	宰	zǎi	（动）	to slaughter

注释

1. **女大十八变，越变越好看**

少女在发育成长过程中，容貌会发生很大的变化，往往变得更加漂亮。

2. **海枯石烂**

意思是“直到海水枯干，石头粉碎”，形容经历很长时间，多用于誓言。

语句理解

1. **什么呀**

用来否定对方的说法，表示事情不是对方所说的那样。比如：

（1）甲：这是鸡肉吧？

乙：什么呀，这是牛肉。

（2）甲：听说这星期要考试了。

乙：什么呀，是下星期考。

2. **要多漂亮有多漂亮**

“要多……有多……”表示程度达到极点。比如：

（1）你没去过东北吧？那儿的冬天要多冷有多冷。

（2）昨天演讲的时候，我把该说的话忘了，真是要多尴尬（gāngà）有多尴尬。

3. **得了**

用来中止别人的某一言行。比如：

（1）得了，你说了半天就是想去整容。

（2）得了，别吃了，赶快走吧。

（3）甲：我得去问问他到底是什么意思。

乙：得了，别问了，你问不出结果来。

4. **你说她缺德不缺德呀**

“你说A不A呀”表示程度较高，相当于“真……啊”，多希望得到听话人的赞同。比如：

（1）这一个月我丢了两次钱包，你说我倒霉不倒霉呀？

（2）你说巧不巧啊？我正想买这本书呢，朋友就送了一本给我。

练　习

一　朗读下面的句子，并体会“什么”在句子中的不同语气和用法：

1. 什么呀！
2. 像什么？
3. 你说什么？
4. 笑什么？有什么好笑的？
5. 看一个人不能只看表面的东西，因为什么都有可能是假的。
6. 你舅舅是干什么的？
7. 什么什么？他是兽医？

二　朗读下面的句子，并替换画线部分的词语：

1. 你想怎么变就怎么变。
2. 要多漂亮有多漂亮。
3. 不吓跑就不错了。
4. 咱们说变就变。
5. 别在这儿吹了。
6. 有什么好笑的？
7. 你说她缺德不缺德呀？
8. 怎么这么巧？
9. 我得好好问问她。

三　体会带点词语的意思，并完成下面的对话：

1. 甲：我今天来是想请你帮个忙。
   乙：我早就看出来了，说吧，________________。

2. 甲：经常来的那个姑娘是你的女朋友吗？
   乙：什么呀！________________。

3. 甲：你能帮我请到辅导吧？
   乙：那还用说？________________。

4. 甲：这个工作不错，不过要占用你的上课时间。
   乙：那可不行，你要知道，________________。

5．甲：我一顿饭能吃一只烤鸭。

乙：得了，____。

四 成段表达：

根据课文中人物的对话，试分析：

1. 变大夫是个什么样的人？
2. 爱美丽想整容的原因和后来对整容态度的转变。

五 请你说说：

1. 你认为美容是女性的专利（zhuānlì）吗？说说理由。
2. 中国有句俗话："女为悦己者容。"谈谈你对这句话的看法。
3. 交流一下好的美容方法。
4. 一般人在什么情况下会去整容？
5. 整容有什么利弊？

六 分角色表演课文中小话剧的片段或全部。

七 有条件的话，全班创作并表演小话剧。

第十五课　攒够了钱，去趟新马泰

热身话题

1. 如果有了钱，你想做什么？
2. 对你来说，什么是最好的精神享受？

（玛丽、大卫和王峰在一家咖啡厅喝茶）

大　卫：　我推荐的这个咖啡厅怎么样？

玛　丽：　太棒了！光线好，音乐优雅，价钱也说得过去。

王　峰：　你是怎么找到这地方的？

大　卫：　说来也巧。那天我骑车回学校，路上下起雨来，我没带雨衣，见这儿有个咖啡厅，就跑进来躲雨，结果发现这里的环境真不错。

玛　丽：　你来过几次？

大　卫：　加上今天，一共两次。

玛　丽：　说了半天，你是第二次来呀？

大　卫：　咱们是穷学生，哪能老来这样的地方？一个月能来一两次就很不错了。

玛　丽：　王峰，你常来咖啡厅吗？

王　峰：　说实话，我很少来。我们研究生学习期间虽说有生活补助，自己打工也能赚点儿钱，可多少还得家里“赞助”一些。你想，老爸老妈的钱，能大手大脚地花吗？能省点儿就省点儿吧。不过，逢年过节，朋友聚会，我们偶尔也来潇洒一回。生活嘛，也不能太苦了自己。

玛　丽：　我听说咱们这个地区的消费水平算是比较高的。

王　峰：　对。虽然和有的地方比起来，还差一些，不过和过去比，那是强多了。听我爸说，他小时候，一般人家里要是有手表、自行车、收音机什么的就很满足了。后来慢慢生活好起来了，就想买冰箱、彩色电视这样的家用电器。再后来就想着买手机、电脑。现在人们想得最多的恐怕就是买汽车、房子了。

大　卫：　中国的老百姓比较重视物质消费，是吧？

玛　丽：　我看也不一定。你看，这几年，中国人出国旅游的是不是越来越多了？

王　峰：　是啊，现在很多中国人也开始注重精神消费了。家里有了钱，平时做做美容、练练健美、听听音乐会、看看戏剧；遇上黄金周放长假，就参加个旅行团，到世界各地去转转。

玛　丽：　王峰，你最想去的地方是哪儿啊？

王　峰：　哪儿不想看看哪？我最想去欧洲，特别想看看巴黎的卢浮宫和巴黎圣母院，伦敦的泰晤士河和白金汉宫……哎呀，想去的地方实在是太多了，不过现在没有那个经济实力。我现在的第一目标就是：每个周末打点儿工，攒够了钱，去趟新马泰。

大　卫：　你们的报纸上说，有的人有了钱也舍不得花，都存在银行里，或者买债券。

王　峰：　我妈就是这样。钱放在家里总觉得不保险，非得送到银行去才放心。你给她办个信用卡，她说不知道怎么用；你让她贷款，她说要是将来还不上怎么办；你让她买点儿股票，她说风险太大，怕赔钱；你动员她玩儿玩儿彩票，她说那都是蒙人的；去商店买东西钱没带够，她宁可不买也决不透支。

玛　丽：　我想，这是因为中国这些年发展太快了，很多人还不习惯，得慢慢适应。

王 峰：你说得太对了。下次再去我家，你可得好好儿开导开导我妈。

玛 丽：行啊，什么时候？

大 卫：（对王峰）听见没有？她巴不得早点儿去呢，她又想吃你妈做的四川菜啦。

词 语

1	攒	zǎn	（动）	to accumulate, to save
2	光线	guāngxiàn	（名）	light
3	优雅	yōuyǎ	（形）	elegant
4	补助	bǔzhù	（名）	subsidy
5	赞助	zànzhù	（动）	financial support; sponsor
6	大手大脚	dà shǒu dà jiǎo		to be wasteful (with things)
7	逢年过节	féng nián guò jié		on New Year's Day or other festivals
8	消费	xiāofèi	（动）	to consume
9	后来	hòulái	（名）	later, afterward
10	重视	zhòngshì	（动）	to attach importance to
11	物质	wùzhì	（名）	matter, material
12	戏剧	xìjù	（名）	drama
13	经济	jīngjì	（名）	financial condition
14	实力	shílì	（名）	strength
15	目标	mùbiāo	（名）	aim, goal
16	舍不得	shěbude	（动）	not willing to give away
17	存	cún	（动）	to deposit
18	债券	zhàiquàn	（名）	bond
19	保险	bǎoxiǎn	（形）	safe
20	信用卡	xìnyòngkǎ	（名）	credit card
21	贷款	dài kuǎn		to apply a loan
22	股票	gǔpiào	（名）	stock
23	风险	fēngxiǎn	（名）	risk
24	赔	péi	（动）	to lose money
25	动员	dòngyuán	（动）	to mobilize, to arouse
26	彩票	cǎipiào	（名）	lottery ticket
27	蒙人	mēng rén		to cheat

28	宁可	nìngkě	（副）	would rather
29	透支	tòuzhī	（动）	to overdraw
30	开导	kāidǎo	（动）	to convince sb. by patient analysis
31	巴不得	bābude	（动）	to eagerly look forward to

注 释

1. 黄金周

现指春节和十一国庆节的七天长假。

2. 卢浮宫

法国最大的王宫建筑之一，世界著名的艺术博物馆，位于巴黎市内。

3. 巴黎圣母院

世界著名的天主教堂，位于法国巴黎塞纳河中的岛上。

4. 泰晤士河

英国最长的河流，流经伦敦市区。

5. 白金汉宫

英国王宫，位于伦敦市，现为英国女王居住和举行重要国事活动的场所。

6. 新马泰

新加坡、马来西亚和泰国的合称。

语句理解

1. 说来也巧

表示恰好遇到某种机会。比如：

（1）周末我去买电脑。说来也巧，正赶上电脑促销，省了我一大笔钱。

（2）我两年没回老家了。说来也巧，公司要派我去那儿开会，正好顺便回家看看。

2. 说了半天

表示在与对方的谈话中发现意想不到的真实情况。比如：

（1）甲：你去过卢浮宫吗？那里的艺术品可多啦，有著名的《蒙娜丽莎》、维纳斯雕像。

要是有机会去看看就好了。

乙：说了半天，你也没去过啊？

（2）甲：虽然拔河比赛要争第一，可是对方偷偷地加了一个人就不应该了，你说呢？

乙：可我这么做也是为了大家好哇。

甲：啊？说了半天，加进去的人是你呀？

3. 能省点儿就省点儿吧

“能A就A”表示无论如何，尽可能地做（某事），A一般为动词性成分。比如：

（1）甲：我感冒了，不想吃东西。

乙：可是一点儿不吃也不行啊，能吃点儿就吃点儿吧。

（2）甲：这次作文的题目太大了，真不知道写什么。

乙：能写多少就写多少吧。

练　习

一　朗读下面的对话，然后用带点的词语再组成一个对话：

1. 甲：我看这件衣服不错，你说呢？

乙：样子还说得过去，就是颜色有点儿深。

2. 甲：昨天你怎么会跟老师一起逛商店呢？

乙：说来也巧，我在商店门口碰上老师，我们就一起进去了。

3. 甲：我什么时候去你的家乡玩儿好？

乙：春天风太大，夏天热得厉害，秋天整天下雨，冬天冷得要命。

甲：说了半天，你是不想让我去呀！

4. 甲：我准备得不好，可能我的演讲不到四分钟。

乙：没关系，能说多少就说多少。

5. 甲：你爸爸为什么不找人帮忙呢？

乙：他就是这样，宁可自己累一点儿，也不愿意给别人添麻烦。

6. 甲：他刚下飞机，我现在去见他，不合适吧？

乙：没事儿，他巴不得早点儿见到你呢。

二 结合所给的词语，根据课文回答下面的问题：

1. 谈谈研究生的收入和消费。

补助　打工　赚　赞助　大手大脚　省　偶尔

2. 谈谈中国人购买力的变化。

手表、自行车、收音机

冰箱、彩色电视等家用电器

手机、电脑

汽车、房子

3. 举例说明目前中国人精神消费集中在哪些方面。

美容　健美　音乐会　戏剧　旅行

4. 王峰的妈妈对下面这些新的事物和现象是什么态度？

信用卡　贷款　股票　彩票　透支

三 用下面的词语，谈谈你的消费观：

赚　舍不得　攒　贷款　大手大脚　潇洒　透支

四 请你说说：

下面是一些最常见的投资方法。如果是你，你会采取哪种方法让你有更多的钱？为什么？

存银行　买债券　买股票　买彩票

五 大家谈：

1. 你所在的国家大学生的生活来源有哪些？消费情况怎么样？
2. 近几十年来，你们国家在购买商品方面有什么变化？
3. 你身边有购物狂吗？说说他 / 她的故事。
4. 举例谈谈你周围的人对股票和彩票的认识。

六 演讲：

使用信用卡的利弊。

第十六课 你能给我推荐一条最佳旅游路线吗

热身话题

1. 放假的时候你打算做什么？如果你有旅行的计划，打算去哪儿？为什么要去那儿？
2. 中国有哪些著名的旅游城市？请说出你知道的中国的旅游点。

（在玛丽的宿舍）

王　峰：　今天的辅导就到这儿吧。还有两次，我们这学期的辅导就结束了。

玛　丽：　是啊，时间过得真快，一个学期转眼就过去了。王峰，我觉得这个学期我的汉语进步挺大的，多亏你的帮助。说心里话，我挺感谢你的。

王　峰：　我的英语进步也不小哇！谁该谢谁呀？朋友之间用不着说“谢谢”。

玛　丽：　哎，寒假快到了，你假期打算干什么？

王　峰：　这……暂时还是个秘密。

玛　丽：　这个秘密对朋友也不能讲吗？

王　峰：　告诉你倒没什么，我只是不想弄得人人都知道。

玛　丽：　你放心，我给你保密。

王　峰：　寒假我打算学车。

玛　丽：　学车？你已经有汽车了？

王　峰：　汽车我现在还没有，先把驾照拿到手再说。

玛　丽：　为什么着急学车呢？

王　峰：　学车是热门呀！现在大学毕业生要想找个好工作，一要外语好，二要懂电脑，三要会开车。

（安娜来找玛丽）

安　娜：　你们的辅导完了？

玛　丽：　完了，我们正谈假期的安排呢。

安　娜：　对了，王峰，我和玛丽想一起去旅行，你说我们去哪儿好呢？

王　峰：　能去的地方多了！要是你们不怕冷，我建议你们去哈尔滨。

安　娜：　冷？怎么个冷法？

王　峰：　“腊七腊八，冻掉下巴。”不过那儿的冰雕是全国闻名的，公园里、大街上，到处都是用冰雕成的艺术品。到了晚上，你们可以去看冰灯，那五颜六色的冰灯会使你觉得自己走进了一个童话世界。

玛　丽：　听你这么一说，我真想去看看。

安　娜：　可是我怕冷啊！你忘了？我这一冬天，感冒好几回了。

王　峰：　要是怕冷，那就去南方。海南岛，怎么样？

玛　丽：　听说那里没有冬天。

王　峰：　是啊，那里属于热带，现在去气温也有二十多度，还可以游泳呢。

安　娜：　真的吗？我最喜欢游泳了。

王　峰：　那儿的热带风光是很迷人的，在那儿你们还可以吃到各种热带水果。

安　娜：　说得我都馋了。

玛　丽：　我还是对中国的历史文化比较感兴趣，你能给我推荐一条最佳旅游路线吗？

王　峰：　那要看你旅游的时间有多长。如果时间不长，你可以去西安，顺便到洛阳、开封这样的城市去看看。这些城市都是历史文化名城，古代也都做过首都，有很多名胜古迹。比如说西安吧，有你一直想看的秦始皇陵兵马俑，有六千多年前原始人生活的半坡遗址，还有汉代、唐代很多帝王的陵墓。

安　娜：我听说那儿附近还有杨贵妃喜欢去的华清池。

王　峰：是啊，你要是去了，也可以在杨贵妃住过的地方住上一宿。

玛　丽：要是旅行的时间长呢？

王　峰：那你就从西安继续往南走，到四川去一趟。四川有风景秀丽的峨眉山、九寨沟，有世界闻名的高七十多米的乐山大佛，省会成都也有很多名胜古迹，那里的小吃也是全国有名的。安娜，你不是最爱吃吗？

玛　丽：一说到吃，安娜就坐不住了。

安　娜：哎，现在江南不太冷吧？我听说“上有天堂，下有苏杭”，苏州和杭州我还没去过呢。

王　峰：江南的冬天也挺冷，不过再冷也没有咱们这儿这么冷。

玛　丽：能和天堂比美，不去可太遗憾了，这个假期说什么也得去一趟。

安　娜：对，咱们现在就去订火车票。

玛　丽：（对王峰）你看她，比我还急。（对安娜）你还是先把功课复习好了再说吧。要是考试不及格，看你怎么玩儿？

安　娜：对了，还有考试呢！哎呀，一说考试我就头疼。

词　语

1	最佳	zuì jiā		the best
2	路线	lùxiàn	（名）	route
3	转眼	zhuǎnyǎn	（动）	soon, in a very short time
4	多亏	duōkuī	（动）	thanks to
5	暂时	zànshí	（名）	temporary
6	秘密	mìmì	（名）	secret
7	保密	bǎo mì		to keep sth. secret
8	驾照	jiàzhào	（名）	driving license
9	热门	rèmén	（名）	in great demand; popular
10	冰雕	bīngdiāo	（名）	ice carving

11	闻名	wénmíng	（动）	well-known
12	雕	diāo	（动）	to carve
13	五颜六色	wǔ yán liù sè		colourful
14	童话	tónghuà	（名）	fairy tales
15	热带	rèdài	（名）	the tropics
16	气温	qìwēn	（名）	air temperature
17	风光	fēngguāng	（名）	view, sight
18	迷人	mírén	（形）	fascinating, attractive
19	名胜	míngshèng	（名）	scenic spots
20	古迹	gǔjì	（名）	historical site
21	原始	yuánshǐ	（形）	primitive
22	遗址	yízhǐ	（名）	ruins
23	帝王	dìwáng	（名）	emperor, monarch
24	陵墓	língmù	（名）	tomb
25	秀丽	xiùlì	（形）	beautiful
26	省会	shěnghuì	（名）	provincial capital
27	订	dìng	（动）	to book

注 释

1. 哈尔滨（Hā'ěrbīn）

　　著名旅游城市，在中国东北，黑龙江省的省会，冬季的冰雕、冰灯闻名于全国。

2. 腊七腊八，冻掉下巴

　　谚语，形容冬天的寒冷程度。

3. 海南岛（Hǎinán Dǎo）

　　中国南方的一个大岛，气候终年炎热，盛产热带水果。

4. 西安

　　陕西省省会，著名古都，市内及周边有众多的名胜古迹，主要有大雁塔、小雁塔、碑林、钟鼓楼、秦汉唐帝王陵墓、兵马俑、半坡遗址等。

5. 洛阳（Luòyáng）

　　市名，位于河南省西部，著名古都，名胜古迹有龙门石窟、白马寺等。

6. 开封（Kāifēng）

市名，位于河南省中部，著名古都。

7. 秦始皇陵（Qínshǐhuáng Líng）兵马俑（yǒng）

秦始皇陵在陕西临潼县东骊山北麓，墓中有大量的秦代陶俑。

8. 半坡遗址

在西安东郊半坡村，属于中国新石器时代（距今约6000年），是黄河流域一个典型原始社会母系氏族公社村落。

9. 汉代

中国历史上的一个朝代。公元前206年至公元220年。

10. 唐代

中国历史上的一个朝代，公元618年至907年。

11. 杨贵妃（Yáng Guìfēi）

唐代著名的美女，唐玄宗的妃子。

12. 华清池

位于陕西省西安市临潼区城南，以温泉著称。

13. 四川

中国西南省份，位于长江上游。

14. 九寨沟

位于四川省境内，以高山湖泊群和瀑布群为主要特征，集自然风景和藏族风情为一体。

15. 乐山

位于四川中部岷江等三江的汇合处，以唐代凿成的高70多米的乐山大佛而闻名于世。

16. 成都（Chéngdū）

四川省省会，中国历史文化名城之一，名胜古迹很多，主要有武侯祠、杜甫草堂等。这里的风味小吃全国闻名。

语句理解

1. 怎么个冷法

“怎么个……法”中间嵌入形容词或表示心理活动的动词，用于询问程度。比如：

（1）甲：这次考试可比以前难多了。

乙：是吗？怎么个难法？

甲：不光要看懂文章、回答问题，还得写出你的看法呢。

（2）甲：我看小王特别喜欢那个歌星。

乙：怎么个喜欢法？

甲：他把这个歌星的照片儿贴了一墙。

2. 再冷也没有咱们这儿这么冷

“再……也没有……”用于比较句，表示前者的程度、数量不如后者。比如：

（1）甲：不买汽车，我天天打车上班，那多贵呀。

乙：再贵也没有买车贵。

（2）甲：我认识的汉字比你多多了。

乙：再多也没有字典多吧？

3. 要是考试不及格，看你怎么玩儿

“要是……，看（你）……”用于提醒对方注意某种情况的发生可能会产生严重后果。比如：

（1）甲：我想借单位的车用一晚上，行吗？

乙：行是行，可要是把车弄坏了，看你怎么赔？

（2）甲：这个月的活儿可真不少哇。

乙：那你可得早点儿动手，要是到月底完不成，看谁帮得了你？

练　习

一　下面是一首描写杭州西湖雨后景色的古诗，朗读并了解诗的大意：

饮湖上初晴后雨

（宋）苏轼

水光潋滟（liànyàn）晴方好，

山色空蒙（méng）雨亦（yì）奇。

欲（yù）把西湖比西子，

淡妆浓抹（mǒ）总相宜。

二　用指定的词语完成下面的对话，然后用它做模仿会话练习：

1. 甲：你出国的事情都办好了？

   乙：________________________________。（多亏）

2. 甲：你真的想和他结婚吗？

   乙：________________________________。（说心里话）

3. 甲：我不知道能不能马上找到工作。

   乙：你放心，有我呢！________________________。（……再说）

4. 甲：听说你的朋友很多？

   乙：____________________________。（再……也没有……）

5. 甲：下个星期我要到国外去旅行。

   乙：那你的护照可要放好了，______________。（要是……，看你……）

三　根据课文，回答下面的问题：

1. 哈尔滨是一座什么样的旅游城市？
2. 谈谈海南岛的旅游特点。
3. 说说西安及周围有哪些名胜古迹。
4. 介绍一下四川的旅游点。
5. “上有天堂，下有苏杭”说的是哪儿的风景？

四　在地图上找出下列旅游地的位置，并准确读出它们的发音：

西双版纳　乌鲁木齐　大理　昆明　武当山　敦煌　厦门

避暑山庄　呼和浩特　拉萨　桂林　张家界　青岛　大连

五 请你说说：

1. 你更喜欢人工修建的名胜古迹还是自然风光？说出为什么。
2. 如果你有钱和机会，世界上哪些地方你最想去？

六 成段表达：

1. 介绍你去过的一处中国的名胜古迹。
2. 介绍你们国家的一个著名旅游点。
3. 说说人为什么旅游。

补充材料

下面是河北秦皇岛市孟姜女庙的一副对联，请教你的中国朋友，正确读出来，并说出意思。

口语知识（四）

1 数词在口语中的运用

提到数词在口语中的运用，你也许会不以为然，不就是"一、二、三……"吗？有什么难的？其实，这里面大有学问。数词作为独立音节存在的时候，只表示一些数目。但是，当它与其他音节组成词语或在句子中使用的时候，有时候就不是原来的数目上的概念，而具有其他含义了。

汉语中含有数词的词语很多，有的数词保留着原来的含义，像"一举两得（做一件事情，得到两种收获）""百闻不如一见（听到一百次不如亲眼看到一次）""一语双关（一句话含有表面和暗含的两种意思）""三角恋爱（一个男子和两个女子或两个男子与一个女子这三者之间存在恋爱关系）"等等。但是，许多词语中的数词，已经不再表示某一数目，而具有特殊的含义了。例如："五花八门"比喻花样繁多或变化多端，在这里，数词"五"和"八"表示数目多而不是确指五种花样和八个门类；"六亲不认"比喻对任何人都不讲情面，这里的数词"六"是泛指所有的；"十全十美"指的是各方面都非常完美，没有缺陷；"乱七八糟"形容混乱，这里面的数词都不能从表面上理解它的含义。

在汉语口语中，一些数词与其他词语组合成熟语，这里面的数词更不能理解成简单的数字。下面句子中画线部分是带数词的惯用语，你能猜出它们的意思吗？

① 做这样的工作，他可是一把好手。
② 到现在还没修好，我看你也是个二把刀。
③ 这些人干活儿真二五眼，全都弄错了。
④ 你怎么能在姑娘面前开这样的玩笑？真二百五！
⑤ 注意自己的钱包！这车上可有三只手。

如果你过去没有学过这些词语，你能猜出"一把好手"是指在某一方面"能干的人"吗？你会想到"二把刀"是"技术不高（的人）"的意思吗？"二五眼"指的是"能力差"，"二百五"是"傻气"的意思，"三只手"

是说“小偷”，这些答案和你刚才的猜想有什么区别吗？这些词语中的数词就不能简单理解为数字了。有些固定搭配的数词在词语或句子中，有特定的含义。请看下面的例子：

① 他三天两头给我打电话。（三……两……）
② 这事三言两语怎么说得清楚呢？（三……两……）
③ 老师三番五次纠正她的错误，她还是改不了。（三……五……）
④ 我过个三年五载就回来。（三……五……）
⑤ 这个消息很快传遍了祖国的四面八方。（四……八……）
⑥ 五颜六色的气球飞上了天。（五……六……）
⑦ 那件事我知道得一清二楚。（一……二……）

我们具体来分析一下：①句中的“三……两……”是强调次数多，而②句中的“三……两……”显然是强调数量少；③句中的“三……五……”是强调次数多，而④句中的“三……五……”显然是强调数量少；⑤句中的“四……八……”表示“所有、各个（方面）”；⑥句中的“五……六……”表示的是“各种（颜色）”；⑦句中的“一……二……”带有强调的因素。

下面这些数词的搭配似乎更具有规律性：

（1）……三……四

① 他这个人总爱丢三落四。（形容马虎或爱忘事）
② 你用不着低三下四去求他。（形容低人一等）
③ 你就答应了吧，别再推三阻四的了。（以各种借口推托）
④ 不准你和这些不三不四的人在一起！（不正派）

（2）七……八……（……七……八，……七八……）

① 大家七嘴八舌地议论起来。
② 你家七大姑八大姨的，我都不知道该怎么称呼。
③ 他们横七竖八地躺在那里，都睡着了。
④ 你怎么净看这些乌七八糟的书？

从例句看，与“……三……四”搭配起来构成的词语基本上都是贬义的；而与“七……八……”搭配起来构成的词语则都表示杂乱。

还有一种现象，就是很多数词与其他词语搭配起来以后，都表示“多”这个概念。例如：三令五申、五光十色、七拼八凑、九牛一毛，等等。

另外还要谈到的，就是一些数词在口语中组成一种数学或珠算公式，但是表达出来的内容却引申为其他含义。如：“三下五除二（形容做事及动作快）”“二一添作五（双方平分）”“一退（推）六二五（把责任等都推给别人）”“不管三七二十一（不顾一切）”等等。

最后要说明的是，一些带有数词的词语是从古代流传下来的，它们的文化特征比较明显。如：“三个臭皮匠，赛过诸葛亮”“五十步笑百步”“十万八千里”等都是有典故的。这就需要我们多了解中国文化知识，否则很难掌握这部分词语。

2　非主谓句

我们分析一个句子的时候，往往首先想到的是句子的主语和谓语，而且认为缺少主语或谓语就不能算是一个完整的句子。可是在日常生活中，特别是在一些特定的语言环境中，我们所使用的语言恰恰说不清它是主语还是谓语。比如说，有人敲你房间的门，你问了一句：“谁？”这个“谁”字究竟是主语呢，还是谓语呢？我们可以把它理解为：“谁在敲门？”也可以理解为：“敲门的是谁？”但是我们用不着在这方面纠缠，因为它是主语还是谓语无关紧要，最重要的是它把我们要表达的意思表达清楚了。再比如说，点名的时候，点到你，你会大声回答：“有！”这也说不清句子省略的究竟是什么。它所表示的意思是“我在这儿”或“我来了”，如果因为它是动词而把这句话看成是省略了主语，那么“我有”是无论如何也无法讲通的。因此，我们把这种句子叫作非主谓句。

非主谓句主要有以下几种类型：

（1）**名词性非主谓句**　这种非主谓句一般由名词、代词（人称代词、指示代词）或名词性偏正词组构成，用于招呼、提醒、疑问、说明、感叹等特定语言环境。比如：

① 小张！（和小张打招呼）
② 汽车！（提醒别人注意开过来的汽车）
③ 票！（售票员提醒乘客拿出票来）
④ A：谁？（疑问）
　 B：我。（说明）
⑤ 我的天哪！（感叹）
⑥ 多好的天气呀！（感叹）

（2）**动词性非主谓句** 这种非主谓句一般是由单个动词或动词性词组构成的，主要用于呼救、说明、要求等语言环境。比如：

① 救命啊！（呼救）
② 着火啦！（呼救）
③ 上课了！（说明情况）
④ 下雨了！（说明自然现象）
⑤ 禁止吸烟！（要求人们做到）

（3）**形容词构成的非主谓句** 这种非主谓句主要用于表达某种感情。比如：

① 好！
② 真痛快！
③ 糟了！

（4）**感叹词构成的非主谓句** 这种非主谓句表示感叹。比如：

① 呸！（表示唾弃或斥责）
② 哎哟！（表示惊讶或痛苦）
③ 咦？（表示奇怪）

非主谓句一般都比较简短，在口语中用得比较多。非主谓句的出现大多要有一定的语言环境，但它本身是能表达出一个相对完整的意思的。

非主谓句与主谓句的省略句是有区别的。省略句是由于语言环境（包括上下文）的帮助省略了某些成分，添上所省略的部分后，句子不会发生什么变化。而非主谓句则不需要，有的也无法添上什么成分去理解。相反，添上后还会产生画蛇添足的副作用。例如“别抽烟了”这句话，显然是对那些正在抽烟的人说的，是一个祈使句。听这句话的人常常会从“你（或你们）别抽烟了”的角度去理解，加上一个主语“你（或你们）”，与原句没什么区别。而看到“禁止吸烟”牌子的人都会感觉到，这是面向大众而不是针对某一个人的，因此没有必要再说明禁止谁吸烟或者在哪儿禁止吸烟。前者显然是主谓句的省略句，而后者则是非主谓句。

练　习

一 你能说出下面这些词语的准确含义吗？

一无所有　三长两短　一团糟　一个鼻孔出气
说一不二　数一数二　没二话　八竿子打不着
一刀两断　三心二意　一了百了　一碗水端平
十拿九稳　八九不离十　一是一，二是二

二 请你说说：

1. 在你们国家，什么数字是吉利的？什么数字是不吉利的？
2. 你最喜欢的数字是哪一个？为什么？
3. 说说你们国家在数词上与汉语有什么区别。
4. 谈谈你们国家的人在学习汉语数词时容易出现的毛病。

三 请找出几个汉语中像“七……八……”“……三……四”这样有固定数词搭配的词语。

四 模仿上述非主谓句四种类型的例句，说出几个非主谓句。

口语常用语（四）

旅游常用语

出外旅游可以增长见识、丰富阅历，同时也是一件比较麻烦的事，要应付不少突然出现的情况。

（1）订票

无论是打电话预订还是自己到售票窗口去买，都可以这样表达：

① 请问，还有到广州去的船票吗？
② 我想买（订）一张去上海的火车票。

如果你会多说两句，也许你的这些愿望就可以得到满足：

① 我想要靠窗户的座位。
② 您给我换一张下铺的，好吗？
③ 有没有二等舱的？

有时你的运气不好，排了半天队，好容易排到了窗口，售票员一声“没啦”，就常常使你没了主意。那么，下面这些话也许就成为必要的了：

① 请问，下一趟车是几点的？
② 能不能等到退票？
③ 还有什么地方可以买到去成都的火车票？
④ 什么时候卖20号的预售票？

有时你急着要赶回学校，可买不到车票，你也可以向售票员说明你的特殊情况，请她帮助你想想办法：

① 您能帮我想想办法吗？我必须在10号以前回到学校。
② 明天有一年一次的考试，我无论如何得赶回去。
③ 我已经退了饭店的房间，要是走不了我就没地方住了。
④ 我身上带的钱不够交房费了，请您一定帮我解决一下。

也许你会得到售票员的同情，那么就会有这样的机会，她提出某种解决办法："您看这样行不行……"

（2）乘机（船、车）

当你乘坐飞机、轮船或者火车之前，也许你还要解决一些下面的问题：

① 请问，在哪儿托运行李？
② 我的行李超重了吗？
③ 从哪个码头上船呀？
④ 在哪个候车室等候？
⑤ 去南京的火车开始检票了吗？
⑥ 我的车票呢？

当你坐上了飞机、轮船或者火车的时候，也并不一定就可以闷头睡大觉了。也许还会遇到一些小麻烦，需要你再说几句：

① 对不起，这好像是我的座（铺）位，您是不是坐错了？
② 很抱歉，我不能和您换座（铺）位。
③ 在哪儿可以打开水？
④ 我有点儿晕车（船、机），您能帮我找点儿药吗？
⑤ 您能给我找点儿报纸来看吗？
⑥ 请问，这是谁的包哇？能挪一挪吗？谢谢！

（3）订（退）房间

① 我要订一个单（双）人房间。
② 如果那位旅客愿意的话，我可以跟他住一个房间。
③ 这是我的学生证，还有居留证。
④ 你们这儿的房间一天24小时都供应热水吗？
⑤ 我们一共12个人，4个男的，8个女的，8号下午到，请给我们安排6个房间。
⑥ 对不起，我们有一个同伴不能来了，能不能退一个房间？
⑦ 我们今天上午退房，请给我们结一下账。

（4）观光

中国有句俗话："鼻子下面有嘴。"出外旅行，有时需要多问，免得造成不必要的麻烦。

① 有导游图吗？（了解可以游览的地方）
② 这个公园有什么好玩儿的吗？（看看是否使自己感兴趣）
③ 白马寺今天开放吗？（免得白跑一趟）
④ 这儿能拍照吗？（免得误拍被罚）
⑤ 一天去哪几个地方合适？（免得走冤枉路）

如果你是参加的旅游团，就要注意下面几个问题：

① 几点集合？
② 在哪儿上车？
③ 我早上起不来，请叫醒我。

“语句理解”总表

W

X

Y

Z

词语总表

A

挨	ái	（动）	3
按时	ànshí	（副）	9
按照	ànzhào	（介）	11

B

巴不得	bābude	（动）	15
百科全书	bǎikē quánshū		5
拜访	bàifǎng	（动）	13
拜托	bàituō	（动）	12
扳	bān	（动）	3
棒	bàng	（形）	8
薄	báo	（形）	14
保密	bǎo mì		16
保险	bǎoxiǎn	（形）	15
报	bào	（动）	7
暴力	bàolì	（名）	8
背	bēi	（动）	12
背心	bèixīn	（名）	10
被子	bèizi	（名）	12
本科	běnkē	（名）	1
本来	běnlái	（副）	5
比画	bǐhua	（动）	2
比基尼	bǐjīní	（名）	10
比试	bǐshi	（动）	2
笔记本	bǐjìběn	（名）	13
必要	bìyào	（形）	9
避	bì	（动）	3
标	biāo	（动）	5
表面	biǎomiàn	（名）	14
别扭	bièniu	（形）	10
冰雕	bīngdiāo	（名）	16
补	bǔ	（动）	7
补充	bǔchōng	（动）	9
补助	bǔzhù	（名）	15
不知不觉	bù zhī bù jué		4

C

财经	cáijīng	（名）	8
裁判	cáipàn	（名）	6
彩票	cǎipiào	（名）	15
餐	cān	（动）	9
搀	chān	（动）	12
产生	chǎnshēng	（动）	8
场合	chǎnghé	（名）	10
畅销	chàngxiāo	（动）	5
吵	chǎo	（动）	7
吵吵嚷嚷	chǎochǎorǎngrǎng	（动）	8
趁	chèn	（介）	13
撑	chēng	（动）	4
乘客	chéngkè	（名）	3
尺寸	chǐcùn	（名）	10
冲锋陷阵	chōngfēng xiànzhèn		6
穿着	chuānzhuó	（名）	10
吹[1]	chuī	（动）	6
吹[2]	chuī	（动）	14
凑	còu	（动）	2
存	cún	（动）	15

D

搭	dā	（动）	3
搭话	dā huà		5
搭配	dāpèi	（动）	10
打败	dǎbài		13
打扮	dǎban	（动、名）	10
打包	dǎ bāo		4
打架	dǎ jià		4
大手大脚	dà shǒu dà jiǎo		15
代课	dài kè		7
贷款	dài kuǎn		15
当时	dāngshí	（名）	12
当务之急	dāngwùzhījí		1
道理	dàolǐ	（名）	3
得病	dé bìng		12
地位	dìwèi	（名）	11
帝王	dìwáng	（名）	16
雕	diāo	（动）	16
订	dìng	（动）	16
丢脸	diū liǎn		14
动画片儿	dònghuàpiānr	（名）	8
动人	dòngrén	（形）	13
动员	dòngyuán	（动）	15
豆沙	dòushā	（名）	13
督促	dūcù	（动）	7
独立	dúlì	（动）	3
度过	dùguò	（动）	7
端	duān	（动）	1
短处	duǎnchù	（名）	10
队伍	duìwu	（名）	6
对岸	duì'àn	（名）	2
对方	duìfāng	（名）	6
对象	duìxiàng	（名）	1
多亏	duōkuī	（动）	16
多少	duōshǎo	（副）	5
多心	duō xīn		6

E

噩梦	èmèng	（名）	8
儿媳	érxí	（名）	8

F

发现	fāxiàn	（动）	8
发泄	fāxiè	（动）	7
罚	fá	（动）	3
翻找	fānzhǎo	（动）	13
烦恼	fánnǎo	（形）	7
犯规	fàn guī		6
方式	fāngshì	（名）	14
放松	fàngsōng	（动）	7
飞舞	fēiwǔ	（动）	6
非	fēi	（副）	7
分别	fēnbié	（副）	5
分摊	fēntān	（动）	4
丰盛	fēngshèng	（形）	9
风光	fēngguāng	（名）	16
风险	fēngxiǎn	（名）	15
逢年过节	féng nián guò jié		15
复杂	fùzá	（形）	7
副[1]	fù	（量）	1
副[2]	fù	（形）	4
盖	gài	（动）	2
概念	gàiniàn	（名）	1
感人	gǎnrén	（形）	8
钢	gāng	（名）	9
（高）档	(gāo)dàng	（名）	10
高跟鞋	gāogēnxié	（名）	10

减肥	jiǎn féi		1
减轻	jiǎnqīng	（动）	7
简陋	jiǎnlòu	（形）	14
健美裤	jiànměikù	（名）	10
交际	jiāojì	（动）	7
觉	jiào	（名）	2
接	jiē	（动）	7
结论	jiélùn	（名）	9
结账	jié zhàng		4
经济	jīngjì	（名）	15
经商	jīng shāng		4
精神	jīngshen	（名）	9
竞争	jìngzhēng	（动）	5
舅舅	jiùjiu	（名）	14
居住	jūzhù	（动）	13
拒载	jùzài	（动）	3
俱乐部	jùlèbù	（名）	7

K

卡通	kǎtōng	（名）	5
开导	kāidǎo	（动）	15
看不起	kànbuqǐ	（动）	11
考虑	kǎolǜ	（动）	11
可怜	kělián	（形）	1
可能性	kěnéngxìng	（名）	9
肯定	kěndìng	（副）	1
口罩	kǒuzhào	（名）	14
捆	kǔn	（动）	5

L

落	là	（动）	8
懒	lǎn	（形）	2
烂	làn	（形）	14
了不得	liǎobudé	（形）	6
离婚	lí hūn		11
陵墓	língmù	（名）	16
另眼相看	lìng yǎn xiāng kàn		6
遛	liù	（动）	2
笼子	lóngzi	（名）	2
路线	lùxiàn	（名）	16
锣鼓	luógǔ	（名）	6

M

麻将	májiàng	（名）	7
马拉松	mǎlāsōng	（名）	6
馒头	mántou	（名）	12
满足	mǎnzú	（动）	10
闷	mēn	（动）	6
闷	mèn	（形）	1
蒙人	mēng rén		15
迷人	mírén	（形）	16
秘密	mìmì	（名）	16
面料	miànliào	（名）	10
名不虚传	míng bù xū chuán		6
名片	míngpiàn	（名）	4
名声	míngshēng	（名）	3
名胜	míngshèng	（名）	16
名著	míngzhù	（名）	5
陌生	mòshēng	（形）	1
目标	mùbiāo	（名）	15

N

耐烦	nàifán	（形）	8
闹笑话	nào xiàohua		1
年纪轻轻	niánjì qīngqīng		3
宁可	nìngkě	（副）	15

牛仔裤 niúzǎikù （名） 10
弄 nòng （动） 14
糯米 nuòmǐ （名） 13

O

偶尔 ǒu'ěr （副） 9

P

陪读 péidú （动） 7
培养 péiyǎng （动） 8
赔 péi （动） 15
佩服 pèifú （动） 4
脾气 píqi （名） 4
偏 piān （副） 8
片子 piānzi （名） 8
频道 píndào （名） 8
平 píng （形） 14
破（纪录） pò(jìlù) （动） 6
破产 pò chǎn 9
扑 pū （动） 2

Q

乞丐 qǐgài （名） 10
气功 qìgōng （名） 2
气温 qìwēn （名） 16
欠 qiàn （动） 4
巧 qiǎo （形） 14
亲热 qīnrè （形） 11
庆祝 qìngzhù （动） 6
穷 qióng （形） 1
球场 qiúchǎng （名） 6
娶 qǔ （动） 11
圈（儿） quān(r) （量、名） 1
圈子 quānzi （名） 7
拳 quán （名） 2
缺德 quēdé （形） 14

R

绕道 rào dào 3
热带 rèdài （名） 16
热乎 rèhu （形） 13
热门 rèmén （名） 16
热闹儿 rènaor （名） 2
认生 rènshēng （形） 2
入座 rù zuò 4
软件 ruǎnjiàn （名） 3

S

三明治 sānmíngzhì （名） 9
嗓门儿 sǎngménr （名） 6
善良 shànliáng （形） 11
上帝 shàngdì （名） 3
上网 shàng wǎng 1
少说 shǎoshuō （副） 3
舍不得 shěbude （动） 15
射（门） shè(mén) （动） 6
甚至 shènzhì （连） 7
生意 shēngyi （名） 4
省会 shěnghuì （名） 16
省事 shěng shì 9
剩 shèng （动） 4
尸体 shītǐ （名） 13
诗人 shīrén （名） 13
时刻 shíkè （名） 9
时装 shízhuāng （名） 5
实际 shíjì （形） 11

实力	shílì	（名）	15
实习	shíxí	（动）	11
实在	shízài	（副）	1
饰	shì	（动）	14
适当	shìdàng	（形）	9
手术	shǒushù	（名）	14
手续	shǒuxù	（名）	12
受惊	shòu jīng		2
兽医	shòuyī	（名）	14
书法	shūfǎ	（名）	13
输	shū	（动）	6
树枝	shùzhī	（名）	2
帅	shuài	（形）	6
耸立	sǒnglì	（动）	14
素质	sùzhì	（名）	3
孙女	sūnnü	（名）	8

T

抬举	táiju	（动）	6
摊位	tānwèi	（名）	5
掏	tāo	（动）	13
讨厌	tǎoyàn	（动）	14
特	tè	（副）	8
踢	tī	（动）	6
体会	tǐhuì	（名、动）	3
体贴	tǐtiē	（动）	11
添	tiān	（动）	4
调养	tiáoyǎng	（动）	7
铁	tiě	（名）	9
通过	tōngguò	（介）	1
童话	tónghuà	（名）	16
统一	tǒngyī	（形、动）	10
统治	tǒngzhì	（动）	8
痛苦	tòngkǔ	（形）	1
投（江）	tóu(jiāng)	（动）	13
投资	tóu zī		5
透	tòu	（形）	10
透支	tòuzhī	（动）	15
图	tú	（动）	5
屠宰场	túzǎichǎng	（名）	14
拖鞋	tuōxié	（名）	10

挖苦	wāku	（动）	4
歪歪扭扭	wāiwāiniǔniǔ	（形）	14
崴	wǎi	（动）	12
外星人	wàixīngrén	（名）	8
晚礼服	wǎnlǐfú	（名）	10
碗筷	wǎnkuài	（名）	4
万岁	wànsuì	（动）	3
危机	wēijī	（名）	11
围	wéi	（动）	2
委屈	wěiqu	（形）	13
未来	wèilái	（名）	11
味儿	wèir	（名）	14
胃口	wèikǒu	（名）	9
文明	wénmíng	（形）	3
文弱书生	wénruò shūshēng		6
闻	wén	（动）	14
闻名	wénmíng	（动）	16
吻	wěn	（动）	8
稳	wěn	（形）	3
无可奈何	wúkě nàihé		8
无所谓	wúsuǒwèi	（动）	9
五颜六色	wǔ yán liù sè		16
武术	wǔshù	（名）	2
物质	wùzhì	（名）	15

X

吸引	xīyǐn	（动）	5

戏剧	xìjù	(名)	15
戏曲	xìqǔ	(名)	8
虾	xiā	(名)	13
下棋	xià qí		7
掀	xiān	(动)	2
闲	xián	(形)	2
贤惠	xiánhuì	(形)	11
嫌	xián	(动)	3
显得	xiǎnde	(动)	4
馅儿	xiànr	(名)	13
享受	xiǎngshòu	(动)	5
想象	xiǎngxiàng	(动)	11
像话	xiànghuà	(形)	4
消费	xiāofèi	(动)	15
消耗	xiāohào	(动)	9
潇洒	xiāosǎ	(形)	3
小卖部	xiǎomàibù	(名)	9
小气	xiǎoqi	(形)	4
小心	xiǎoxīn	(形)	12
校服	xiàofú	(名)	10
效果	xiàoguǒ	(名)	9
协调	xiétiáo	(形)	10
信用卡	xìnyòngkǎ	(名)	15
星球大战	xīngqiú dàzhàn		8
醒	xǐng	(动)	2
性格	xìnggé	(名)	11
性急	xìngjí	(形)	12
雄心勃勃	xióngxīn bóbó		1
熊猫	xióngmāo	(名)	14
宿	xiǔ	(量)	8
秀丽	xiùlì	(形)	16
学问	xuéwen	(名)	1
寻找	xúnzhǎo	(动)	13
训练	xùnliàn	(动)	7

Y

压力	yālì	(名)	7
延续	yánxù	(动)	13
严重	yánzhòng	(形)	12
眼皮	yǎnpí	(名)	14
宴会	yànhuì	(名)	10
养生保健	yǎngshēng bǎojiàn		8
样品	yàngpǐn	(名)	10
邀请	yāoqǐng	(动)	8
咬	yǎo	(动)	13
咬牙	yǎo yá		4
业余	yèyú	(形)	7
一生	yìshēng	(名)	11
一时半会儿	yì shí bàn huìr		7
衣冠不整	yīguān bù zhěng		10
医疗	yīliáo	(动)	12
遗址	yízhǐ	(名)	16
意见	yìjiàn	(名)	5
隐私	yǐnsī	(名)	1
营养	yíngyǎng	(名)	9
营业	yíngyè	(动)	14
赢	yíng	(动)	6
泳装	yǒngzhuāng	(名)	10
勇气	yǒngqì	(名)	4
优雅	yōuyǎ	(形)	15
有线电视	yǒuxiàn diànshì		8
有效	yǒuxiào	(动)	9
瑜伽	yújiā	(名)	7
与众不同	yǔ zhòng bù tóng		10
宇宙	yǔzhòu	(名)	8
预备	yùbèi	(动)	5
原始	yuánshǐ	(形)	16
原著	yuánzhù	(名)	5
怨	yuàn	(动)	6

运气	yùnqi	（名）	6

Z

砸	zá	（动）	4
宰[1]	zǎi	（动）	3
宰[2]	zǎi	（动）	14
再婚	zàihūn	（动）	11
攒	zǎn	（动）	15
暂时	zànshí	（名）	16
赞助	zànzhù	（动）	15
脏字	zāngzì	（名）	3
债券	zhàiquàn	（名）	15
战争	zhànzhēng	（名）	8
着凉	zháo liáng		12
真心	zhēnxīn	（名）	11
争	zhēng	（动）	4
争吵	zhēngchǎo	（动）	4
争气	zhēng qì		3
整容	zhěng róng		14
整容院	zhěngróngyuàn	（名）	14
正好	zhènghǎo	（副）	7
正经	zhèngjǐng	（形）	7
支持	zhīchí	（动）	6
知己	zhījǐ	（名）	5
知名度	zhīmíngdù	（名）	5
执照	zhízhào	（名）	14
职工	zhígōng	（名）	12
指教	zhǐjiào	（动）	1
至于	zhìyú	（连）	6
智力	zhìlì	（名）	5
忠告	zhōnggào	（名、动）	1
肿	zhǒng	（动）	12
重视	zhòngshì	（动）	15
粥	zhōu	（名）	9
竹叶	zhúyè	（名）	13
主场	zhǔchǎng	（名）	6
注重	zhùzhòng	（动）	11
拽	zhuài	（动）	12
专家	zhuānjiā	（名）	9
专题	zhuāntí	（名）	8
转播	zhuǎnbō	（动）	6
转眼	zhuǎnyǎn	（动）	16
赚钱	zhuàn qián		5
庄重	zhuāngzhòng	（形）	10
装	zhuāng	（动）	1
自费	zìfèi	（动）	12
自杀	zìshā	（动）	13
总而言之	zǒng'éryánzhī		7
总经理	zǒngjīnglǐ	（名）	4
粽子	zòngzi	（名）	13
祖国	zǔguó	（名）	13
嘴唇	zuǐchún	（名）	14
最佳	zuì jiā		
作品	zuòpǐn	（名）	13
做伴	zuò bàn		2
做操	zuò cāo		2